서른에는
남부럽지 않게
잘살고 싶다

서른에는
남부럽지 않게
잘살고 싶다

김나연(요니나) 지음

30대에 1억을 만드는
돈 되는 라이프스타일

21세기북스

하고 싶은 일을 포기하지 않기 위해서라도 돈은 필요하다

"비싼 걸 사거나 낭비하지 않는데도 늘 통장 잔고가 바닥이에요!"

재테크 강의를 나가면 자주 듣는 말이다. 이들은 특별히 사치하지 않고 열심히 돈을 모으는데 항상 돈이 부족하다고 말한다. 그리고 결국 버는 돈이 적으면 어떻게 해도 부자가 될 수 없는 것 아니냐며 실망하기도 한다.

통계청에 따르면 2017년 기준 중소기업에 취업한 20대의 평균 소득이 월 163만 원, 30대의 평균 소득은 월 242만 원이라고 한다. 많은 20~30대가 한 달에 평균 200만 원 정도의 수

입으로 생활하는 것이다. 반면 지출은 계속 늘어나기만 한다. 가장 큰 부담인 주거비용부터 먹고 생활하는 모든 일이 돈이다. 그래서 요즘 사회초년생들은 경제활동을 시작해도 부모님의 도움이 필요한 경우가 많다.

'젊을 때 고생은 사서 하는 것'이란 말이 있듯 어떻게든 생활은 할 수 있을지 모른다. 문제는 생활 이외에 하고 싶은 일을 하는 데 제약이 생긴다는 것이다. 어떤 일을 하든 돈이 필요하다. 엄청 큰 것을 말하는 게 아니다. 하다못해 맛있는 음식을 하나 사먹는 데에도 돈이 필요하기 마련이다. 고작 1~2만 원가지고 유난이라고 생각할 수도 있다. 하지만 오히려 나이가 어릴수록 적은 돈 때문에 포기해야 하는 일이 많다.

나 역시 스무 살 대학생 시절, 하고 싶었던 일을 2~3만 원이 없어서 하지 못하게 된 적이 있다. 시험이 끝나고 친구들과 놀이동산에 가자고 한 달 전부터 약속을 했는데 당장 수중에 그 돈이 없어 포기해야만 했다. 용돈을 충분히 받았음에도 내가 관리하지 못해 일어난 문제라 다른 누구에게 핑계를 댈 수도 없었다. 스스로에게 실망을 많이 했고, 그러면서 돈에 대한 관심이 커졌다. 하고 싶은 일이나 갖고 싶은 물건이 있을 때 더는 돈 때문에 스트레스 받거나 포기하고 싶지 않았다.

대부분의 사회초년생들은 정해진 월급을 받는다. 수입은 자신이 어떻게 할 수 있는 게 아니다. 그러면 이제 한정된 수입 안에서 하고 싶은 일을 마음껏 할 수 있는 돈을 어떻게 만드느냐가 관심사가 된다. 사회초년생이 재테크에 관심을 가져야 하는 이유가 바로 이것이다.

지금이 바로 돈 공부를
시작해야 할 때다

처음 돈 관리에 관심을 갖기 시작했을 때 재테크 책이나 강의, 방송매체로 도움을 받아보려고 했다. 하지만 내가 가진 소액 자산으로 해볼 수 있는 재테크는 거의 없었다.

'왜 전문가가 말하는 재테크는 내가 따라할 수 없을까?'

재테크서나 TV에서는 너무 큰 목표와 어려운 방법을 알려 주기 때문이라는 생각이 들었다. 처음부터 부동산이나 펀드 등 내가 잘 모르는 분야에 무작정 뛰어들기에는 부담스러웠고, 그나마도 지금 내가 가지고 있는 적은 돈으로는 한계가 있었다. 학창시절에 배운 적도 없는 금융 용어나 상품이 낯설고 어려워 절실했던 마음이 얼마 못 가 흐지부지되고는 했다.

결국 나는 스스로 재테크 방법을 찾아보고 부딪쳐보기로 했다. 석은 수입에도 할 수 있는, 나의 상황에 딱 맞는 재테크 방법을 알고 싶었다. 그리고 결국 그것은 돈에 대해 공부하고 관리하는 방법밖에 없다는 생각이 들었다.

앞서 이야기했듯 수입은 단기적인 노력으로 어쩔 수 없는 부분이다. 결국 나가는 돈을 줄이거나, 수입 중 모을 수 있는 돈을 늘리는 수밖에 없다. 생각해보면 참 단순한데 쉽게 실천하기 힘든 방법이기도 하다. 조금 더 편하게, 노력을 덜 하면서 자산을 증가시키고 싶어 잔머리를 쓴 적도 있다.

내가 놓치는 푼돈이나 공돈을 관리하기만 해도 쓸 수 있는 돈이 늘었다. 일상의 작은 습관과 라이프스타일을 바꾸는 것만으로도 생활이 훨씬 여유로워지는 것을 느꼈다. 이런 돈 관리법은 지금 당장이라도 실생활에서 실천할 수 있어 부담도 없었다.

금융공부를 해야 하는 이유도 마찬가지다. 아무리 좋은 금융 상품이라도 지금 내게는 필요하지 않은 상품일 수 있다. 자신의 상황을 따져보지 않고 금융회사 직원이나 방송매체, SNS 정보 등에 선택을 맡기면 오히려 손해를 볼 수 있다. 지금 나에게 가장 유리한 금융상품을 고르기 위해서는 금융공부를 통해 나만의 기준을 가져야 한다.

이 책은 나와 비슷한 상황에 있는 사람들에게 작은 도움과 희망을 주고 싶어 쓴 것이다. 이론이 아닌 내가 직접 해본 재테크 방법을 정리했다. 생활 습관 변화, 생각의 전환, 한정된 돈으로 필요한 소비를 하며 삶의 질을 높이는 노력을 꾸준히 하면서 내가 할 수 있는 일부터 시작했다. 수입과 지출 관리 그리고 저축과 투자 등 나에게 맞는 금융상품을 직접 고르며 그 노하우를 담았다.

어쩌면 이런 평범한 돈 관리법으로 어느 세월에 돈을 모으느냐고 생각하는 사람이 있을 수 있다. 하지만 이런 소소하고 확실한 방법들을 통해 나는 실제로 서른이 되는 해 1억 목표에 다가갈 수 있었다. 지금이라도 늦지 않았다. 돈 걱정 없는 30대를 꿈꾼다면 지금 바로 나와 함께 돈 공부를 시작해보자.

Contents

Chapter 1. 쥐꼬리만 한 수입에도 돈을 모으는 사람의 비밀

Chapter 2. 지속 가능하고 실현 가능한 돈 관리법

Chapter 3. 누구도 가르쳐주지 않는 사회초년생 금융공부

chapter 1.

쥐꼬리만 한 수입에도
돈을 모으는 사람의 비밀

나이가 젊을수록 돈을 밝혀야 한다

"이번에 돈 모아서 여행 가려고."

"나 돈 없어서 못 샀잖아."

"요즘 이 카드 쓰는데 할인해주는 게 많아."

"○○은행 적금 특판 떴던데, 너 가입했어?"

친구, 모임, 연인, 직장 동료 등과 대화를 하다 보면 한 번씩은 돈 이야기가 나온다. 그만큼 돈이 우리 생활에 밀접하게 연결되어 있기 때문이다.

그런데 우리나라에서는 돈에 대해 직접적으로 이야기하는 것을 부정적으로 보는 시각이 있다. 내가 어렸을 때만 해도 돈 이야기를 밖에서 꺼내면 어른들에게 "무슨 어린애가 벌써부터 돈 타령이야. 지금은 열심히 공부하고, 돈 걱정은 나중에 좋은 곳에 취업해서 해도 늦지 않아!"라는 대답을 듣곤 했다.

선진국과 달리 우리나라는 의무교육 과정에 금융 과목이 없다. 경제 과목이 금융과 비슷해 보이지만 경제에서 배우는 내용은 실생활에서 접하는 금융과 다르다. 경제학과에 다니면 금융생활을 잘할 것 같지만 사실은 그렇지 않을 수도 있다. 학문적 공부에 치우친 나머지 정작 본인이 번 돈, 갖고 있는 돈을 어떻게 관리해야 할지 모르는 경우가 많다. 자신만의 소비 항목 기준이 명확하지 않아 '나를 위한 소비'라며 투자를 가장한 낭비를 한다.

소비를 현명하게 하기 위해서는 어릴 때부터 돈과 친숙해야 한다. 특히 가정에서 이뤄지는 금융 교육이 정말 중요하다. 부모님과 자녀가 돈에 대해 자주 대화하다 보면 '돈'이 익숙한 단어가 된다. 그러다 보면 자연스레 현금뿐만 아니라 자신이 사용하는 체크카드와 통장, 금융상품까지 점점 관심의 범위가 넓어진다. 돌이켜 생각해보면 나는 부모님과 거리낌 없이 돈과 금융상품에 관한 이야기를 나누었다. 그리고 이것은 나의 금융생활에 긍정적인 영향을 주었다.

당신의 돈은
안녕하십니까?

이제는 우리도 안부를 묻거나 날씨 이야기를 하듯, 돈 이야기도 편안하게 할 수 있는 분위기가 조성되어야 한다. 아직까지도 "돈을 얼마만큼 모았다" 혹은 "한 달 결산 금액이 줄었다" 등 내 금융자산에 관한 이야기를 하면 "돈 많이 모았네. 한턱 쏴!" "소비를 그렇게 줄이면 사는 건 재미없을 것 같은데" 등 잘난 척한다는 반응이 돌아와 마음껏 이야기하기 어려울 때가 많다.

돈 모으기에 관심이 생겼을 때 가족 및 주변 지인들에게 재테크 얘기를 해도 시큰둥했다. "그거 하면 얼마 아끼는데? 그냥 술 한 잔 안 마시면 되는 거 아냐?", "20대는 한창 쓸 나이! 안정된 후에 해도 늦지 않아"라는 반응을 보이고는 했다.

아직도 돈을 어느 정도 번 후부터 재테크를 시작해도 된다는 안일한 마음을 갖고 있는 사람이 많다. 돈을 모으고 소비를 통제한다는 것이 단순히 돈을 안 쓰는 것이라는 편견 탓이다. 오히려 돈 관리는 필요한 곳에 아낌없이 투자하고 불필요한 소비를 통제하는 습관을 만드는 단계다.

적은 돈을 소중히 다루지 못하고 큰돈만 쫓는 사람은 나중에 큰돈이 들어와도 제대로 관리하지 못한다. 평소 돈 관리 습관이 제대로 잡혀 있지 않은 데다 한 번 커진 소비 규모는 줄이기가 힘들기 때문이다.

목돈을 만들 때까지 기다렸다가는 뒤늦게 시간 내서 금융상품을 비교하고 가입하는 게 부담스러워 재테크를 시작하지 못한다. 결국 대학생 때 발급받은 카드를 계속 쓰거나 주거래은행 상품이라며 금리가 낮은 적금을 납입하면서 돈이 안 모인다고 투덜거리기를 반복한다. 이를 방지하기 위해서는 조금이라도 빨리 재테크에 관심을 가져야 한다.

내 돈의
주인이 되는 법

'학창시절에 공부를 잘하던 사람이 돈도 많이 모았을까?'에 대한 대답은 반반이라고 생각한다. 수입이 많아도 돈 관리 습관이 옳지 않다면 소비 금액이 커 모은 돈이 적을 수 있다. 1,000만 원을 벌어서 1,000만 원 다 쓰는 사람과 100만 원 벌어서 90만 원 쓰는 사람 중 돈을 모은 사람은 후자이기 때문이다.

현재 쓰는 체크카드나 신용카드에 어떤 조건과 혜택이 있는지 알고 있는가? 자유 입출금 통장의 수수료 면제 조건이 무엇인지, 금리는 얼마인지 알고 있는가? 가입한 저축상품의 금리는 몇 퍼센트이고, 만기일은 언제이며, 실제 받는 이자는 얼마인가?

많은 사람이 소비 통제가 안 된 상태에서 혜택이 많다는 이유로 신용카드를 사용한다. 자신의 소비 패턴을 파악하여 스스로 고른 카드가 아닌 직원 추천이나 주변에서 많이 쓴다는 말에 혹해 카드를 선택한 사람이 많다. '한 번 써볼까? 추천해주는 데는 이유가 있겠지'라는 안일한 생각으로 신용카드를 사용하다가는 자신의 소비가 빚으로 돌아올 수 있다.

취업했다는 소식을 어디선가 듣고는 난데없이 보험설계사 지인이 찾아와서 '장기저축'이라며 보험 상품 가입을 권하는 일도 종종 있다. 그럴듯한 상품 홍보에 '내 미래를 위해서 이 정도는 할 수 있지!'라며 덜컥 가입한다. 당장 2~3년 뒤에 어떤 일이 생길지도 모르는데 월 20~30만 원씩 꼬박 납입하는 것이다.

그러다 몇 년 후 급히 돈 쓸 일이 생겨 중도 해지하려고 할 때 원금을 손해 보는 상품이라는 것을 알게 되는 경우도 많다. 이렇게 되면 지금까지 납입한 돈이 아까워 해지하지 않고, 필요한 돈은 대출을 받아 생활하는 악순환이 생긴다. 그저 금융에 대해서 아무것도 몰라 금융 전문가에게 맡긴 것치고는 수업료가 꽤 비싸다. 이런 일을 방지하기 위해서는 내가 열심히 번 돈을 금융상품에 투자하기 전에 반드시 공부를 해야 한다. 처음에는 이해하기 어렵더라도 계속 공부하다 보면 금융·경제 분야를 바라보는 시야가 넓어진다.

금융을 조금만 공부해도 전문가에게 의지하지 않고 스스로 재무관리를 할 수 있다. 완벽하지 않아도 된다. 기본 개념만 알고 있어도 살아가는 데 충분히 도움이 된다. 열심히 벌고 꼼꼼하게 아껴 소비하면서, 정작 내가 가입한 상품을 활용하지 못하고 오히려 역이용당하는 일은 없도록 당당히 돈 밝히는 사람이 되자.

은행은 나를 위해
일하지 않는다

대학생 때부터 블로그에 꾸준히 금융상품 정보나 재테크 용어를 쉽게 풀어주는 게시물을 올렸다. 더불어 돈 관리에 관심은 생겼지만 스스로는 처음 해보는 거라 마냥 낯선 사람들을 위해 직접 금융회사와 거래했던 경험담을 소개했다.

처음에는 취미로 시작했다. 금융회사에서 제공하는 상품 설명서가 너무 어려워서 나를 위해 정리한 것이다. 내가 발급받은 상품 위주로 소비자 입장에서 금융상품의 특징, 혜택, 조건 등을 정리해두니 필요할 때 정보를 찾기도 쉬웠다.

게시물이 점점 쌓이자 포털사이트에서 '대학생 체크카드', '대학생 통장' 등을 검색하면 내 글이 첫 페이지에 소개되는 경우가 많았다. 그만큼 많은 사람들이 내 글을 읽은 것이다. 얼굴 한 번 본 적 없는 사람들이 공감해주는 게 신기해서 더 열심히 블로그에 글을 썼다.

그것을 계기로 한 출판사에서 재테크 책을 내보자는 연락이 왔다. '비전문가가 재테크 책을 써도 될까?'라는 의구심이 있었지만 수많은 고민 끝에 책을 쓰기로 했다. 주변에 책을 쓴 사람이 거의 없던 터라 모험에 가까운 도전이었다.

이렇게 첫 책《대학생 재테크》가 세상에 나왔다. 이 사실을 아는 주변 사람들은 내가 장래 금융회사 직원이 될 거라 믿어 의심치 않았다. 딱히 되고 싶은 게 없던 스물다섯 살의 나 역시 그들 의견에 동의하듯 금융회사 신입 공채를 준비했다. 서류 제출을 위해 이력서를 준비하고 자기소개서도 열심히 썼다.

하지만 준비하는 내내 밀린 과제를 하는 느낌이 들었다. 책을 쓸 때는 힘들어도 두근거리는 마음이 더 컸는데, 자기소개서는 비슷한 글쓰기임에도 마음가짐부터가 달랐다. 자기소개서에서도 그 마음이 느껴졌는지 여러 금융회사 서류 전형에서 전부 떨어졌다.

은행의 이익과
나의 이익

그러던 중 직접 은행 상품에 가입해보고 홍보하는 금융권 대외활동에 참여하게 되었다. 그리고 이것이 금융회사에 대한 내 생각을 바꾸는 계기가 되었다. 막연하게 입사하면 좋을 것 같았던 금융회사 직원 업무 중 하나는 고객에게 상품을 판매하는 것이었다.

문제는 은행원마다 반드시 팔아야 하는 금융상품의 종류와 양이 정해져 있다는 것이다. 그 상품이 고객에게 정말 필요한 것이라면 문제될 것이 없다. 하지만 그런 상품 중에는 고객이 아닌 회사 이익을 대변하는 것이 포함되어 있었다.

예를 들면 종잣돈을 모으기 위해 적금을 가입하러 온 고객에게 저축성 보험을 팔고, 체크카드 대신 신용카드를 권한다. 투자에 대해 아는 것이 없는 고객에게 펀드를 권유한다. 고객은 자신보다 전문가인 직원의 권유에 따라 가입한 낯선 재테크 상품을 방치하다가 시간이 지나 손해를 보고 해지하는 경우도 종종 있다. 그러면 그 고객은 '난 재테크와 맞지 않아'라고 생각하며 재테크에 관심을 잃는 악순환이 생긴다.

만약 내가 그 일을 하게 되면 어떨까? 돈을 모으려는 고객이 나를 찾아왔을 때 100% 고객의 이익을 위해 권할 수 있는 상품은 내 실적에 도움이 안 되는 것일 수도 있다.

회사에서 지시한 특정 상품의 판매 할당량을 채우지 못해 업무 스트레스를 받는 내 모습이 뚜렷하게 보였다. '내가 금융회사 직원이 되면 회사와 고객을 모두 만족시킬 수 있을까?' 혼란스러웠다.

누구나 금융공부를 해야 하는 이유

금융회사는 다양한 혜택과 선택권을 눈앞에서 흔들며 사람들을 유혹하지만 진짜 필요한 금융상품을 추천해주는 곳은 아니다. 친절한 미소를 지으며 금융회사에 이익이 되는 상품을 제시한다. 모든 사람이 금융공부를 해야 하는 이유가 바로 이것이다.

금융권에서 대외활동을 할 때 금융감독원에서 대학생 금융교육 봉사활동을 한 적이 있다. 초·중·고등학교에 방문해 올바른 금융소비자가 되기 위해 꼭 알아야 하는 금융 기초 정보를 교육하는 일이었다.

교육을 준비하면서 나 역시 흔히 놓칠 수 있는 세세한 금융지식을 공부할 수 있었다. 수입과 지출의 차이, 예금과 적금의 차이, 통장 종류, 주식과 펀드의 차이, 보험 종류 등 실제 금융생활에 유용한 정보들이었다. 내가 학교를 다닐 때 이런 금융교육을 받았다면 얼마나 좋았을까 하는 생각이 들었다.

그러다 한 초등학교로 금융교육을 나갔다. 맨 앞에 앉아 있던 두 친구는 단짝이었는데 상반된 금융 지식을 갖고 있었다. 같은 내용을 전달해도 한 학생은 평소 들어본 적 없던 내용이었는지 마냥 어려워했고, 다른 학생은 이런 것까지 아는 게 신기할 정도로 금융지식이 해박했다.

알고 보니 평소 가정에서 부모와 돈 이야기를 자주 하느냐, 아니냐의 차이였다. 부모의 금융지식과 관심에 따라 자녀의 금융 지식 수준 및 관심도가 많이 달랐다.

금융 관심도의 차이는 실제 자산의 차이로 이어질 가능성이 높다. 수입이 같더라도 금융에 관심이 많고 잘 아는 아이는 자신의 상황에 꼭 맞는 금융상품으로 자산을 불릴 것이다. 반면 금융에 관심이 없고 잘 모르는 아이는 소위 말하는 전문가 말만 믿고 그들의 이익을 위한 재테크를 할 수밖에 없다.

앞으로 현명한 금융생활을 하며 자산을 늘리고 싶다면 지금부터라도 금융공부를 시작해야 한다. 자신의 상황을 가장 잘 아는 사람은 자신이다. 적어도 열심히 일해 번 돈을 금융상품으로 손해 보는 일이 없도록 스스로 공부하자.

돈 이야기를 마음껏 할
친구가 필요하다

돈 공부에 관심이 생겼다면 돈 이야기를 마음껏 할 수 있는 '재테크 메이트'를 만드는 것도 좋다. 혼자 공부하면 금세 지치기 쉽기 때문이다. 주변 사람과 재테크에 대해 이야기하면서 정보를 공유하면 재미있기도 하고 관심을 오래 유지할 수 있다.

그런데 친구들에게 한 달에 한 번 주기적으로 재테크 스터디 겸 모임을 갖자고 제안해봤지만 늘 흐지부지되고는 했다. 당장 재테크에 대한 절실함이 없었기 때문이다. 결국 실제 친구들 말고 같은 관심사를 가진 사람들을 찾기 시작했다.

요즘은 인터넷 커뮤니티에서 자신과 관심사와 생각이 같은 사람들을 쉽게 만날 수 있다. 실제 만난 적은 없지만 공통된 관심사로 대화를 나눌 수 있는 사람들이 전 세계에 흩어져 있다.

나 역시 블로그를 운영하다 보니 온라인 커뮤니티를 접할 기회가 많았다. 처음에는 이곳저곳 커뮤니티에서 활동하다 한곳에 정착하고 싶어 네이버에 20~30대를 대상으로 하는 재테크 카페를 만들었다. 평소 지인들과 할 수 없던 돈과 관련된 이야기를 나누고 공유할 수 있는 재테크 메이트가 생긴 것이다.

가계부를
떠들어라

무엇보다 재테크 메이트와 가계부를 가지고 이야기하면 효과적이다. 가계부 기록은 단기간에 성과나 결과물이 나오지 않아 혼자서는 중도 포기하는 경우가 많기 때문이다. 감시하는 사람도 없으니 가계부 쓰는 것을 미뤄도 본인만 마음이 불편할 뿐이다.

또한 누군가는 자신이 잘하고 있는지 궁금하지만 확인할 방법이 없어 아쉬울 수 있다. 나 역시 혼자 할 때보다 공통 관심사를 가진 사람들과 함께 할 때 시너지가 생기는 성향이라 이 장점을 최대한 살리고자 했다.

현재 가계부 클래스 수강자들과 3개월에 한 번 오프라인 모임을 열고 있다. 함께 소비를 점검하고, 통장 쪼개기나 카드 정리 등 금융상품을 주제로 재테크 팁을 공유한다. 가계부 클래스 오프라인 모임은 시간과 공간의 문제로 서울 또는 수도권에서 진행하기 때문에 지방이나 해외에 거주하는 사람들은 참여하기 어려웠다. 그런 아쉬움을 달래고자 네이버 카페에서 온라인 프로젝트를 만들어 가계부 작성 및 피드백을 하는 모임도 만들었다.

이 모임에서는 전국 곳곳의 사람들이 모여 가계부라는 하나의 도구를 가지고 함께 재무계획을 세우고 피드백을 한다. 혼자하기 힘들었던 예산, 결산 마무리까지 함께 이야기하며 해볼 수 있다. 재테크 얘기만으로도 1~2시간은 훌쩍 지나갈 정도로 재미있다. 그뿐만 아니라 계속해서 새로운 정보를 공유하니 유익하기까지 하다. 관심사가 비슷한 사람들이 계속 모이며 선순환을 만들고 있다.

요즘은 온라인 커뮤니티가 잘 되어 있어 조금만 노력하면 실생활에서 할 수 있는 재테크부터 주식, 펀드, 부동산 투자까지 직·간접적으로 접할 수 있는 기회가 많아졌다. 다른 분야도 마찬가지겠지만 정보는 끊임없이 바뀌므로 지속적으로 관심을 가져야 한다.

가치관이 같은 사람이
곧 재테크 메이트

재테크 메이트는 지인을 넘어 (예비)배우자도 가능하다. 예전에는 미래의 배우자에 대해 잘생기고 돈 잘 버는 사람이면 좋겠다고 생각했다. 하지만 요즘은 평생 함께할 사람이라면 돈 이야기도 거리낌 없이 나눌 수 있고 소비, 저축, 투자 등 재테크 성향이 비슷해야 한다는 생각이 든다. 그래야 인생의 방향을 같은 곳으로 잡을 수 있기 때문이다.

내 재테크 성향은 '효율적 절약'이다. 대중교통으로 충분히 이동할 수 있는데 시간 약속을 지키지 못해 택시를 타는 건 낭비라고 생각한다. 자신에게 불필요한 보험상품을 해약하기 귀찮다며 계속 납입하는 사람이라면 나와는 재테크 가치관이 맞지 않는 것이다. 한두 번 만날 사이라면 다름을 인정하지만 오래 만날 사람이라면 관계를 지속하기 힘들 수밖에 없다.

내 재테크 생활에 활력소이자 촉진제 역할을 해주는 재테크 메이트, 혼자하기 지치고 힘들 때 주변을 돌아보자. 재테크 생활이 훨씬 재미있고 활기차게 될 것이다.

적중률 100%
부자 비법은 없다

● 명절이 지나 학교에 가면 친구들끼리 친척들에게 얼마를 받았는지, 그 돈으로 무엇을 살 것인지에 대한 이야기가 활발히 오갔다.

"나는 엄마가 가져가셨어."

"나중에 너한테 그 돈 확실히 주신데?"

이런 대화의 끝은 항상 "나는 내가 관리할래!"였다. 몇 번 시도 끝에 부모님도 허락해주셨다. 당시 내게 목돈이었던 금액을 세뱃돈으로 주시면서 평소 용돈 규칙처럼 사고 싶은 건 사되 돈이 부족하다고 추가로 주지 않을 것이니 잘 관리하라는 당부의 말씀도 잊지 않으셨다.

그런데 막상 큰돈을 받으니 내가 할 수 있는 것은 저축뿐이었다. 자잘한 푼돈이었으면 오히려 덜 부담스러워 소비했을 것이다. 그런데 금액이 크다 보니 쓰고 싶은 마음보다 이 돈을 지키면서 모으고 싶은 마음이 더 컸다. 차곡차곡 모은 돈이 쌓인 통장 잔고를 보는 게 돈 쓰는 일보다 더 좋았다.

재테크에 관심을 가지고부터 돈을 어떻게 모으고 불려야 할지, 지금하고 있는 방법이 옳은지 늘 궁금했다. 사실 재테크는 들어오는 수입은 한정적이니 나가는 돈을 줄이거나, 수입 중 모을 수 있는 돈을 늘리는 방법밖에 없다. 생각해보면 참 단순한 방법인데 조금 더 편하게, 노력을 덜 하면서 자산을 증가시키고 싶어 쉽게 돈 모으는 법을 검색해보는 등 잔머리를 쓴 적도 있다.

사촌이 땅을 사면
나도 사고 싶다

자주 보는 사람들이 저축으로 종잣돈을 모았다면 예금과 적금을, 투자로 돈을 모았다면 펀드와 주식 얘기를 직·간접적으로 들을 것이다.

재테크를 시작할 무렵 내 주변에는 금리가 높든 낮든 예금과 적금으로 종잣돈을 모은 사람과 주식 투자에 실패한 사람이 많았다. 나는 저축이나 투자 방법을 찾을 때 주변의 영향을 많이 받는다. 자연스럽게 투자보다 저축에 관심을 가지게 되었다. 29년 동안 저축이 답이라고 생각하며 차곡차곡 종잣돈을 모았다. 저축만으로 목표 금액을 달성했다.

재테크에 더 관심을 가지게 되니, 내 주변에 다양한 방법으로 재테크를 하고 있는 사람들이 보이기 시작했다. 그들은 부동산이나 투자로 자산을 만들고 있었다. 주식을 예로 들면, 그들은 내가 예금이나 적금에 가입하는 것처럼 기업에 투자하고 있었다. 스스로 기간을 정해 보유한 주식을 단기·장기 저축처럼 관리하기도 한다. 그중에는 큰돈을 벌기 위해 본격적으로 주식시장에 뛰어들어 본업에 소홀할 정도로 집중하는 사람도 있었다. 하지만 대부분은 성실하게 일하면서 꾸준히 장기 투자하는 사람들이었다.

재테크 운영 방향 역시 처음 시작할 때 자신보다 먼저 시장에 뛰어든 사람들 중 어떤 유형을 참고하느냐에 따라 바뀐다. 나는 처음 돈을 모으기 시작했을 때 부모님을 통해 제

1금융권, 저축은행 상품, CMA 통장 등의 다양한 금융상품을 접했다. 이 중 CMA 통장은 스무 살 때부터 지금까지 제1금융권 입출금 통장처럼 잘 이용하고 있다.

만약 내 주변에 협동조합(새마을금고, 신협, 지역 농·수협 등)과 거래하거나, 단기 수익에 일희일비하지 않고 주식에 투자하거나, 스무 살 때부터 국민연금에 가입한 사람이 있었더라면 여러 가지 재테크 방법으로 지금보다 많은 종잣돈을 더 빨리 모았을 것이다. 하지만 내게 이런 행운은 한꺼번에 일어나지 않았다. 하나하나 직접 경험해가며 재테크 방법을 배우고 있다.

잘 아는 재테크가
가장 좋은 재테크

어떤 재테크를 처음 시작해야 할까? 정답은 없다. 어느 한쪽으로 치우치기보다 여러 가지 방법으로 돈을 관리하면서 상호 보완 관계를 만들 필요가 있다.

돈을 모으기 전 '20대가 끝나기 전에 저축으로 종잣돈을

몇 천만 원까지 모으고, 그 이후에는 투자를 병행해야겠다'
는 나름의 재정적 목표가 있었다. 사실 이 목표를 정하기 전
에는 돈을 어떻게 모아야 할지 막연했다. 하지만 금액과 기
간이 숫자로 명확하게 보이니 지금 내가 해야 할 일이 무엇
인지 알 수 있었다. 예를 들어 가계부를 쓰며 필요 소비에
집중하기, 금리보다 이자나 세금을 확인해 실수령액이 높은
저축상품에 가입하기 등 할 수 있는 일부터 시작했다.

　지금은 목표했던 종잣돈도 다 모았다. 그래서 재테크 영
역을 넓혀 주식 투자도 시작했다. 종잣돈을 다 모은 후 저축
과 함께 주식으로 투자 범위를 넓힌 것은 내 성향 자체가 지
극히 안정 추구형이기 때문이다. 혹시 투자로 손해가 발생
하면 손실을 메우기 위해 예상보다 긴 시간 동안 자금을 묶
어둬야 할 수도 있다. 그때 조급해하지 않고 기다리려면 여
유 자금이 있어야 했다.

　보험 역시 나는 실비보험 하나만 있다. 종종 금융에 종사
하는 사람들은 저축·변액·종신 보험에 왜 가입하지 않았느
냐고 묻는다. 하지만 3년 적금도 만기를 기다리기 어려워
매번 중도에 해지할까 말까를 고민하는 나는 이보다 더 긴
장기 상품을 유지할 자신이 없다.

이처럼 개인의 성향에 따라 유지하고 관리할 수 있는 금융상품이 다르다. 자신의 성향과 상품의 특성을 알고 가장 잘 맞는 투자 방법을 찾는 것도 중요하다.

젊을 땐 무작정 저축만 해야 한다거나, 투자 경험이 있어야 하는 것은 아니다. 무엇보다 중요한 건 실행 가능한 재테크를 시작하는 것이다. '잘 모르는데 괜찮을 것 같아서요', '오래 놔두면 언젠가 수익이 나지 않을까요?' '직원이 추천해준 것이니 괜찮지 않을까요?' 등 내 소중한 돈을 제3자에게 맡기고 책임을 회피해서는 안 된다.

미니멀하지 않은
미니멀 재테크

최근 단순함과 간결함을 추구하는 미니멀리즘을 바탕으로 한 미니멀 라이프가 유행하고 있다. 삶에 필요한 최소한의 물건만 갖추는 것이다. 나 역시 물건을 쟁여놓는 '맥시멈 라이프'에 한계를 느끼고 미니멀 라이프에 빠져들었다. 주변을 정리하고 필요 소비에만 집중하면서 담백한 삶을 추구했다.

가장 먼저 불필요한 물건을 줄이고 필요한 것만 방 안에 두었다. 주변을 산만하게 만들던 물건을 정리하니 방 안에서 집중력이 높아졌다. 업무를 처리할 때 집에서는 집중이 안 되어 카페로 나가는 일이 없어졌다.

무엇보다 이때부터 소비가 많이 담백해졌다. 필요 소비는 반드시 내가 설레는 물건만 구매한다는 원칙을 세웠다. 그러자 내 주변은 설레는 것들로만 채워졌다. 사고 싶은 물건이 생기면 대체재를 찾아보고, 하루 이틀 정말 필요한 물건인지 확인하는 시간을 갖기 시작했다. 지금 당장 사지 않으면 안 될 물건은 생각보다 많지 않다.

가끔 마음에 드는 물건이 있으면 나도 모르게 옛날 소비 습관이 스멀스멀 올라와 그냥 사버리고 싶은 날도 있다. 이럴 때를 대비해 스스로 규칙을 정했다.

'새 물건을 사면 반드시 기존에 가지고 있는 비슷한 물건 하나를 버리기.'

새로운 물건을 사려면 좋아하는 물건을 버려야 하니 더 신중하게 구매하게 됐다. 그러자 무심코 사는 습관도 없어졌다. 저렴하다고, 혜택이 많다고 물건을 새로 사는 일도 없어졌다. 내가 지금 갖고 있는 것에 집중하기 시작한 것이다.

미니멀 라이프를 추구하며 내가 가진 모든 것을 정리해 보니 재테크 역시 미니멀하게 해야겠다는 생각이 들었다. 누군가의 추천으로 이것저것 발급만 받고 방치한 통장과 카드, 금융상품 등을 '어떻게 정리하면 필요한 것만 남길 수 있을까?'라고 고민하기 시작했다.

버리지 말고
활용하라

'미니멀 재테크'라고 하니 지금 쓰지 않는 금융상품을 무조건 해지해야 한다고 생각하는 사람이 많다. 나 역시 미니멀 재테크를 다루는 책에서 "금융회사 한곳, 통장 한 개, 카드 한 개로 통합하고 기존 상품은 정리한다"는 문구를 본 적 있다. '이것저것 혜택을 받으려다 오히려 과소비를 할 수 있다'는 이유다.

얼핏 맞는 말처럼 보인다. 하지만 정답이 아니다. 사람마다 각자 고정지출과 변동지출이 있고, 이 둘의 평균 금액이 있다. 반드시 지출해야 하는 소비 금액만큼은 최대한 혜택을 받을 수 있는 금융 전략을 짜야 한다. 교통비, 통신비, 자주 가는 카페 등 조금만 관심을 가지면 저렴하게 소비할 수 있는 방법이 많다. 이렇게 푼돈 모으는 것부터가 재테크다.

나는 무조건 금융상품 해지를 권하지는 않는다. 요즘 금융상품은 해지는 쉬워도 가입하기는 번거롭다. 몇 년 전과 달리 입출금 통장은 한 달에 하나만 개설할 수 있다. 간혹 통장을 여러 개 만들려면 대포통장으로 의심을 받아 이것저것 준비해야 하는 서류가 늘어난다. 그래서 섣부르게 해지하며 거래 가능한 상품 수를 줄이는 것보다는 여러 금융상품을 관리하기 쉽게 바꾸는 게 효율적이다.

나는 실물통장으로 거래하던 방식 대신 인터넷뱅킹이나 모바일뱅킹 등으로 은행 업무를 처리하고 있다. 덕분에 은행에서 기다리는 시간도 줄었다. 통장 간소화를 실행하면서 시간도 절약한 것이다. 게다가 통장을 잃어버려 재발급하거나 도장을 바꾸려면 최소 1,000원의 수수료가 든다. 거래하는 금융회사가 1~2곳만 있는 게 아니니 수수료 부담은 더욱 늘어난다. 인터넷뱅킹을 이용하면 시간과 돈을 동시에 절약할 수 있다.

금융상품을 고를 때는 새로운 것보다 먼저 가지고 있는 상품을 최대한 활용해야 한다. 인터넷뱅킹으로 통장 계좌번호는 그대로 두고, 통장 속성만 바꾸면 훨씬 간편하다. 일명 스마트 통장, 에코 통장 또는 모바일 통장 등으로 부르는 통장이다. 실물 통장 없이 인터넷뱅킹 등에서 내역을 확인할 수 있다.

　잔고 없는 통장이라도 목적 통장으로 활용할 수 있으며 재테크 상황이 변하면 평소 안 쓰던 금융상품이 필요할 수도 있다. 그런 작은 가능성마저 깔끔하게 지우고 싶다면 정리해도 괜찮다. 해당 금융회사나 인터넷뱅킹 또는 금융결제원에서 만든 계좌정보통합관리서비스(www.payinfo.or.kr), 어카운트 인포 앱을 이용하면 굳이 금융회사에 가서 왜 바꾸냐, 해지하냐는 직원의 질문에 스트레스를 받을 필요도 없다.

　나는 한동안 한곳의 은행만 이용하다 여러 혜택이 안 좋아지면서 사용빈도가 줄었다. 세 개의 입출금 통장을 몇 년간 사용하지 않다가 재테크 방향을 수정하면서 그 통장을 목적 통장, 해외여행에서 사용할 체크카드용 통장 등의 용도로 다시 사용하고 있다. 만약 이 통장들을 쓰지 않는다고 해지했다면 다시 가입을 해야 하는 번거로움은 물론 재테크 진행 속도와 방향에 차질이 생겼을 것이다.

　카드도 안 쓴다고 무조건 해지하는 게 아니라, 필요에 따라 유동적으로 사용할 수 있도록 유효기간까지는 가지고 있어도 된다. 단, 연회비가 부과되는 카드는 신중하게 생각해보고 결정하자.

부지런히
금융상품 갈아타기

거래하는 은행이 많으면 계좌가 많아져서 관리하기 힘들다고 생각할 수 있다. 하지만 월급 통장은 하루에 한 번, 소비 통장은 소비한 날만, 비상금, 저축, 투자, 목적 통장은 금액 변동이 있을 때만 잔액 또는 이자를 확인한다. 우려하는 것과 달리 통장을 정리하는 시간이 크게 소요되지 않는다.

물론 가지고 있는 금융상품의 속성을 명확하게 알고, 자신의 재테크에 도움이 되지 않는 상품이며 앞으로도 그럴 것 같다면 정리해도 좋다. 이제부터는 '한동안 안 써서', '직원이 다른 상품을 더 추천해서' 등 내 의지가 반영되지 않은 모호한 이유로 금융상품을 관리하는 일은 없었으면 좋겠다.

다양한 금융회사의 금융상품을 이용하면서 내가 얻을 수 있는 혜택을 최대한 활용하자. 금리가 높은 예·적금 특판 상품, 내 소비 패턴에 맞는 카드 등을 부지런히 찾아본다. 통장 하나, 카드 하나를 고집하기보다는 시기에 따라, 내 재테크 패턴에 따라 유동적으로 상품에 가입하고 이용해보자. 한동안 잘 사용했던 금융상품도 혜택이 달라지면 다른 상품으로 이동하자.

예를 들어 평소에 쓰는 카드와 해외여행에서 쓰는 카드는 아예 다르다. 해외여행을 가서 사용하는 카드는 결제하면 수수료 일부 면제, ATM 인출 시 수수료 면제 등 해외에서 사용할 때 특화된 혜택이 있는 것을 사용하는 것이 좋다.

그런데 어떤 사람은 해외여행에 특화된 카드를 평소에도 쓴다. 국내에 거주하며 소비하는 빈도가 더 높음에도 불구하고 전혀 소비에 도움 안 되는 카드를 쓰는 것이다. 현재 자신에게 가장 유리한 금융상품으로 갈아타는 것을 귀찮아하지 말자.

금융상품 중에서 정말 정리해야 할 것은 통장, 카드, 넣다만 적금 등이 아니라 뭔지도 모르고 주변에서 좋다고 해서 가입한 보험 상품이다. 특히 저축성보험, 변액보험, 종신보험 등은 초반 목돈 모으기에 가장 방해되는 고정지출이다. 보험은 위험에 대비하는 소비다. 저축은 적금·예금으로, 투자는 펀드·주식으로, 사망보험금을 대비하기 위해서는 정기보험에 가입하는 게 현금 흐름을 막지 않고 수수료 발생을 최소화하는 방법이다. 재테크에 미니멀 라이프를 적용하려면 신중하고 부지런하게 상품을 정리하고 활용해야 한다.

지갑에 현금을
가지고 다니지 않는 이유

중·고등학생 때는 현금으로 용돈을 받으면 지갑에 이번 주에 쓸 돈만 넣어두고 소비했다. 스무 살 때부터는 현금보다는 체크카드를 주로 이용하고 있다. 내가 체크카드를 더 선호하는 이유는 카드 한 장이면 지출 한도 안에서 대부분 소비가 가능하기 때문이다. 현금을 사용하나 체크카드를 사용하나 물건값이 동일하다면 굳이 현금을 내서 잔돈이 생기는 번거로움을 최소화하고 싶었다.

연말정산으로 받을 수 있는 공제 한도 역시 현금과 체크카드 비율이 동일하다. 카드를 사용하면 매번 현금영수증을 받는 번거로움을 피할 수 있으며 같은 상품을 결제해도 카드에서 받을 수 있는 소소한 혜택이 상대적으로 크다.

물론 혜택을 많이 받기 위해서는 전월 실적이 중요하다. 그래서 오히려 과소비를 불러일으킬 가능성도 있다. 카드를 쓸 때는 무작정 혜택에 집중하는 게 아니라 어차피 쓸 금액을 현명하게 소비하는 것이라는 점을 명심해야 한다. 할인이나 적립은 부차적인 목적이다.

예를 들어 주말에 A카드로 식당에서 2만 원 이상 결제하면 한 달에 네 번, 한 건당 2,000원씩 캐시백을 해주는 이벤트가 있다. 그렇다면 주말에 친구들과 밥을 먹을 때 다른 카드 말고 A카드를 쓰는 게 좋지 않을까? 또 B카드로 인터넷 결제를 할 때 포인트를 5% 적립해준다면 A카드가 아닌 B카드로 결제한다.

요즘 카드 중에서는 실적이 없어도 1%를 자체 포인트로 적립해주거나 0.7% 현금 환급을 해주는 혜택 등이 있으니 꼼꼼히 따져보고 카드를 이용하자.

무엇보다 소비 금액 자체를 줄이는 노력이 필요하다. 아무리 혜택을 많이 받아도 지출을 늘리면 의미가 없기 때문이다.

현금이
필요 없는 시대

현금보다 카드를 주로 사용하지만 갑작스레 현금이 필요한 상황을 대비해 지갑에 어느 정도의 현금을 가지고 다닌다. 그것도 1년 동안 한 달 평균 현금 사용 금액을 계산해 딱 그만큼만 지갑에 넣고 다닌다. 어떤 달에는 현금을 아예 쓰지 않았던 날도 있고, 어떤 달에는 더 쓰는 날도 있어서 평균 2만 원 내외의 현금을 쓴다고 하자. 그렇다면 지갑에 2만 원 정도를 항상 가지고 다니면 심적으로 든든하다.

ATM 기기를 수수료 없이 이용할 수 있는 방법이 다양해진 것도 현금을 많이 들고 다니지 않는 또 다른 이유다. 지금까지는 영업시간 외에 다른 은행의 ATM 기기를 사용하면 꽤 비싼 수수료를 내야 한다는 인식이 머릿속에 콕 박혀 있었다. 하지만 요즘은 특정 금융상품을 사용하면 해당 은행이 아니어도 수수료 없이 ATM 기기를 이용할 수 있다. 심지어 수수료가 월등히 비싼 편의점 ATM 기기에서도 수수료가 무료인 상품이 있다. 그러니 요즘에는 현금을 조금만 들고 다녀도 급할 때 부담 없이 현금을 인출할 수 있다.

지인 중에는 지폐나 동전이 생기면 바로바로 은행에 가서 계좌로 입금해 수중에 현금이 아예 없는 사람도 있다. "비상 현금은 갖고 있는 게 낫지 않아요?"라고 물어보니 현금은 조금만 부지런하면 수수료 없이도 자유롭게 찾을 수 있어 걱정하지 않는다고 했다. 오히려 지갑에 있으면 이자는 0원인데 쓰고 싶은 생각만 드는 반면, 통장에 있으면 적어도 1원 이상의 이자를 받을 수 있다고 했다.

그 얘기를 듣고 나는 뒤통수를 한 대 얻어맞은 느낌이었다. 그날 이후 내 방 서랍에 보관했던 현금의 절반을 계좌로 옮겼다. 단 1원이라도 더 이자를 받기 위해 현금 보유량을 줄인 것이다.

소비 통제를 위한
연습

이제는 카드 사용이 현금보다 더 편한 시대다. 카드 사용이 가장 번거로웠던 택시마저 카드 결제가 가능해졌기에 지폐를 소지해야 하는 이유가 더 줄어들었다. 며칠 전 식당에 갔는데 옆 테이블에 앉은 부모가 아이에게 계산해보라며 현금이 아닌 카드를 건네줄 정도로 세상은 급변하고 있다.

현재 내 지갑 안에는 신용카드 1장, 체크카드 1장, 1만 원짜리 1장, 5,000원짜리 1장, 1,000원짜리 5장, 500원짜리 동전 1개, 100원짜리 동전 5개가 있다. 현금이 필요한 다양한 경우를 대비하기 위해서다. 현금을 쓴 후에는 사용한 금액만큼 지갑에 바로 채워 넣는 편이다.

물론 현금 보유량에 대해서는 다양한 견해가 있다. 《보도 섀퍼의 돈》이라는 책에서는 부자가 되기 위해서는 비상금으로 100만 원을 수표로 지갑에 넣고 다니라고 한다. 보통 이 얘기를 들으면 '만약 잃어버리면 어떡하지?', '혹시나 다 써버리면?', '들고 다니고 싶어도 돈이 없는데…'라는 부정적 생각부터 떠오른다. 저자는 '잔돈' 100만 원 때문에 자기 자신을 믿지 못하는 것보다 돈에서 편안함을 느끼며 부자가 되는 준비를 하라고 강조한다.

사람마다 다르겠지만 아직 나는 지갑에 큰돈이 있으면 평소처럼 편안한 마음이 들지 않는다. 오히려 지갑이 잘 있는지 몇 번이나 확인하느라 신경이 예민해질 정도다.

다만 방법을 조금 바꿔 급할 때 언제든 꺼내 쓸 수 있도록 비상금 통장에 비상금을 넣어두며 굳이 하지 않아도 될 우려와 걱정을 최소화하고 있다. 각자 추구하는 바가 다르기 때문에 정답은 없다. 수중에 돈만 있으면 쓰고 싶은 욕구가 든다면 소비 통제를 위해 현금을 줄이는 연습이 필요할 뿐이다.

감정을 들여다보면
돈 나가는 곳이 보인다

가계부에 작성된 지출 내역만 봐도 그 가계부의 주인이 어떤 것에 가치를 두고 행복을 느끼는지, 스트레스나 우울함을 어떻게 푸는지, 습관적인 소비가 무엇인지 알 수 있다. 대부분의 가계부에서 다른 항목보다 월등히 소비가 많은 항목을 보면 공통점이 있다. 개인차가 있겠지만 대표적으로 '간식, 커피, 생활용품(문구류), 의복, 화장품, 택시' 등이다.

이런 항목을 소비하는 것이 무조건 나쁘다는 것은 아니다. 다만 필요에 의한 소비인지, 충동 또는 습관적으로 발생한 소비인지 명확하게 구분할 필요가 있다. 지출했을 때 상황을 되돌아보며 자신의 소비 기준을 세워야 한다.

저축을 할 때도 마찬가지다. 돈을 모으겠다는 다짐과 시도는 지속적으로 하지만 매번 실패하는 사람이 많다. 이는 돈 관리법을 모르거나 재테크 정보가 부족한 것이 아니라 심리 상태 때문일 수가 있다. 불안하고 조급한 마음, 실패에 대한 두려움, 부정적인 생각 등이 꾸준한 저축을 방해하는 것이다.

나 역시 심리가 불안정할 때 이것저것 돈 관리를 시도한 적이 있다. 하지만 그것을 모두 실천하기까지는 꽤나 오랜 시간이 걸렸다. 당시에는 내가 처한 상황이 막막하고 공허해 이것저것 물건을 사들여 비어 있는 공간을 채우려고 했다. 스트레스를 받거나 기분이 우울하면 음식으로 풀었고, 스스로 통제하지 못해 물건을 사들이고는 했다.

이런 상황이 발생할 때마다 내가 열심히 번 돈은 흐지부지 사라졌다. 살이 찌거나 소화가 잘 안 되어 체력도 급격히 떨어지고 몸 상태마저 나빠졌다. 돈 모아야 한다고 말은 하지만 나아지는 것이 전혀 없었다.

올바른
스트레스 해소법

살면서 스트레스를 받지 않기는 힘들다. 스트레스를 해소하기 위한 충동 소비는 일시적인 감정 전환에 도움이 될 수도 있다. 하지만 충동 소비의 빈도가 높아지고 그것이 '나만의 스트레스 해소법'으로 정착하는 순간 돈 모으기가 더 힘들어진다.

나 또한 스트레스를 바르게 해소하는 방법을 알지 못했다. 맛있는 음식을 사먹거나 예쁜 물건을 쟁여놓는 것으로 기분 전환을 한 적이 있다. 이렇게 한정된 방법밖에 몰랐기 때문에 스트레스를 받을 때마다 계속 돈을 썼다. 어느 날 방 안에 언제 산 지 기억조차 나지 않는 물건과 뜯지도 않고 쌓아놓은 택배를 보고는 내게 심각한 문제가 있다는 것을 깨달았다.

하루라도 빨리 제대로 된 스트레스 해소법을 찾아야 했다. 주변 사람들에게 평소 스트레스를 어떻게 푸는지 물어봤다. 대부분 취미생활로 스트레스를 해소한다고 했다. 나는 좋아하는 영화나 책을 보고 음악을 듣기 시작했다. 처음부터 이것저것 시도하기보다는 부담 없이 할 수 있는 방법부터 시작한 것이다. 더 나아가 집 앞 공원에서 산책을 하고, 배드민턴을 치거나 자전거를 타면서 내면의 부정적인 기운을 지속적으로 발산시켰다. 이렇게 스트레스를 받을 때마다 적절한 해소법으로 스트레스를 상쇄한다면 꼭 돈으로 풀지 않아도 된다.

나의
감정사용설명서

　　　　　　　　여기에 더해 이때부터 '나의 감정사용설명서'를 만들어 활용하기 시작했다. 반복적인 감정 때문에 스트레스가 생긴다면, 어떤 상황에서 그 감정이 생기는지 알면 극복하는 데 도움이 될 것 같았다. 어떤 상황에서 내 감정이 바뀌는지 알기 위해 기쁨, 슬픔, 예민, 분노, 소심으로 구분해 기록했다.

당시 나의 감정사용설명서를 보니, 점심을 먹고 살짝 졸리면 예민해져 짜증이 났다. 주변 사람들에게 피해를 주기 싫으니 달달한 군것질거리를 사러 편의점으로 향했다. 이런 나의 감정 패턴을 확인한 후에는 점심을 먹고 편의점으로 달려가는 대신 10분 정도 낮잠을 자는 것으로 변화를 시도했다.

무조건 내 감정을 억누르는 게 아니라 상황별로 발생하는 감정을 온전히 받아들이면서 대체 행동을 찾는 것이다. 이 과정을 통해 스트레스를 해소하는 건강한 방법을 찾았다. 의식적으로 반복하니 꼭 돈을 쓰지 않아도 좋은 에너지를 내뿜을 수 있었다. 몸과 마음에 긍정의 기운이 생기면서 슬럼프가 오는 속도가 더뎌졌고, 슬럼프를 극복하는 시간도 짧아졌다.

눈에 띄는 큰 소비가 없는데 돈이 모이지 않는다면, 돈 쓰는 것으로 스트레스를 해소하는 것은 아닌지 생각해봐야 한다. 나도 스트레스를 받을 때마다 좋아하는 야구팀의 야구용품을 구매할 때가 있었다. 지금은 그것들이 어디에 있는지도 모른다. 쓰지 않았어도 될 비용을 쓴 것이 아쉽기만 하다. 단순히 소비하는 것 자체는 문제가 되지 않는다. 하지만 카드를 긁는 행위에 희열을 느낀다거나 지금 당장 필요하지 않는 소비를 습관적으로 하고 있다면 주의해야 한다.

돈 관리를 꾸준히 하기 위해서는 많은 수입보다 중요한 게 있다. 우선 나 자신이 단단해져야 한다. 마음 상태가 어지러울 때는 그동안 잘하던 돈 관리 습관도 쉽게 무너지기

때문이다. 마음 다스리기는 실패의 늪에서 벗어나기 위한
필수요소다.

 요나나 TIP

▶ 나의 감정사용설명서

일본 디자이너인 이마이즈 히로아키가 1987년에 고안한 기법
으로 본질(manda)을 '소유하는(la) 기술(art)', 즉 '목표를 달성하
는 기술'을 의미하는 만다라트 양식에 디즈니 영화 〈인사이드 아
웃〉의 캐릭터를 적용했다. 영화 속 캐릭터를 바탕으로 '기쁨, 슬
픔, 분노, 소심, 불안'이라는 감정을 언제 어떻게 느끼는지 적어
본다. 한 번에 모든 칸을 채우기보다 며칠 시간을 두고 감정을
느낄 때마다 메모하면 다양한 상황에서 어떤 감정을 느끼는지
확인할 수 있다.

충동적으로 돈을 쓰게 만드는 감정을 찾아보고, 마지막 힐링 파
트에는 무분별한 소비를 대신할 방안을 생각해보고 적어본다.
나는 예민할 때 주로 불필요한 소비가 늘어나 재정에 좋지 않은
영향을 주는 걸 확인하고 최대한 힐링이 됐을 때의 상황을 활용
하여 의미 없는 소비를 최소화하고 있다.

혼자 적어보는 것도 좋지만 친구들과 함께 감정사용설명서를 적
어보고 이야기 나누는 것도 좋다. 나에 대한 이미지, 느낌 등을
응원 문구를 적어주는 롤링페이퍼를 해본다면 복잡한 세상을 살
아가는 데 큰 힘이 된다.

긍정적 변화 피드백 받을 때	집중이 잘 되어 시간 활용이 높을 때		내 잘못으로 물건을 잃어버릴 때				
여행 가면서 리무진 버스를 이용할 때	기쁨		지금 이 순간이 누군가 희생으로 나온 결과일 때	슬픔	내가 도저히 할 수 없는 상황일 때	어른이 어른답지 않은 행동을 할 때	분노
						무책임한 행동으로 피해볼 때	상식적으로 이해되지 않을 때
아침~점심 사이, 피곤할 때	해보지도 않고 무조건 안 된다고 할 때		기쁨	슬픔	분노	강압적, 단도직입으로 밀어붙일 때	부족한 능력을 보여야 할 때
덥거나 습할 때	예민		예민	김나연 감정사용 설명서	소심		소심
			불안	힐링	응원문구	정해진 답을 맞춰야 할 때	
내게 중요한 부분이 바로 피드백이 안 올 때		새로운 도전을 할 때	칩앤데일 캐릭터 볼 때	맛있는 음료(블랙밀크티+펄/밀크티크러쉬)	샤브샤브	자신만의 일을 만들어가는 모습이 진짜 멋진 언니	외강내유
불안		시원한 바람 맞으며 방 안에서 일할 때	힐링	매콤달콤 꼬깔콘	달고 싶은 사람		응원문구
		예정이 틀어졌을 때	중국음식(마라샹궈, 마라탕, 미센 등)	여행 사진 보기	낮잠, 꿀잠		

쓰기 위해 모으는 것은
위험하다

'어떻게 하면 적금을 중도 해지하지 않고 만기까지 유지할 수 있을까?'

지금처럼 저축 습관이 잡히기 전에 했던 고민이다. 답을 찾기 위해 읽었던 한 재테크 책에서는 '만기가 되면 온갖 역경과 유혹을 이겨낸 자신에게 선물을 하라'는 팁을 알려줬다. 적금의 만기 금액 일부를 평소 갖고 싶었던 것을 소비하는 데 보태 동기부여를 하라는 조언이다.

'맞아! 날 위한 보상이 필요해!'라며 이 조언을 실천해보기로 했다. 소소한 푼돈이 차곡차곡 모여 든든한 목돈이 되어 돌아올 때마다 만기 금액의 10%는 나를 위한 선물을 샀다. 한 달에 5만 원씩 1년 동안 적립한 첫 적금이 만기되었을 때 내게 돌아온 건 원금 60만 원과 소소한 이자였다. 이 중 10%인 6만 원을 나를 위한 보상으로 썼다. 이를 시작으로 저축 금액이 많아질수록 내게 할당된 보상 금액은 지속적으로 늘어났다.

어떤 때는 적금에 가입한 그날부터 '이 적금 만기 금액의 10%는 내년 의류비에 보태야지!'라면서 보상 목록을 만들기도 했다. 그러다 보니 적금의 원래 목적인 목돈 마련보다 보상에 더 집중하기 시작했다. 소비하기 위해 기나긴 인고의 시간을 보내는 셈이 되었다.

저축을 시작하고 4~5년 후, 매달 납입하는 돈은 늘어났는데 종잣돈은 생각보다 늘지 않았다. 그제야 '날 위한 보상'이 종잣돈을 모으는 데 도움이 안 된다는 사실을 깨달았다. 모으는 돈이 커지면 커질수록 나를 위한 보상의 규모도 커졌기 때문이다. 목돈을 꾸준히 모으기 위한 수단이 오히려 목돈 모으기를 방해하고 있었다.

다시 정신 차리고 제대로 목돈을 모으기로 했다. 적금이 만기가 되어도 더 이상 날 위한 소비를 하지 않았다. 원금과 이자까지 재예치하여 자연스럽게 복리 효과를 누렸다. 시중에 나온 복리 상품은 대부분 보험 상품이라 가입하기 꺼려졌다. 그래서 직접 은행 금융상품을 활용해 복리 효과를 보고 있다.

저축 만기가 되면 원금에 대한 약정이자를 고스란히 받는 게 아니다. 이자에 대한 세금을 부과하기 때문에 금액 끝자리가 0으로 딱 떨어지지 않을 때가 많다. 이럴 때는 모자란 부분을 채워 다시 재예치하는 게 좋다. 예를 들어 100만 원 적금의 만기 실수령 금액이 102만 7,347원이라면 2,653원을 더 넣어 103만 원으로 만들어 재예치하는 것이다. 또한 금리보다는 납입금액이 클수록 이자가 많아지므로, 소소한 차이라면 금리보다는 납입금액을 늘리는 것에 집중해야 한다.

목돈이 필요한 소비는
목적 저축으로

만기된 금액을 고스란히 저축하는 것으로 습관을 바꾸고 나니 종잣돈이 더 빨리 불어

났다. 그러면 이제 예·적금 상품은 오로지 목돈 모으는 데만 이용해야 할까? 목돈을 지출해야 하는 소비는 어떻게 관리해야 할지 궁금할 것이다.

내가 현재 가입해서 운용하고 있는 예금 및 적금 저축 계좌 수는 스무 개 남짓이다. 그런데 이 스무 개가 전부 종잣돈을 모으기 위한 저축이 아니다. 그중 몇 개는 여행, 노트북 및 휴대전화 구입 등 정해진 목적이 있다.

이런 단기 목적 저축은 필요한 금액을 먼저 설정하고 소비 시점을 계산해 한 달 저축액을 정한다. 이때 기간을 길게 잡는 것보다 짧게 끊어 만기까지 유지하는 것이 중요하다. 만약 만기 시점이 되었을 때 1년 안에 해당 목적 물건의 구매 의향이 없으면 재예치해 목돈을 굴려나간다.

이런 목적 저축은 변동지출 예산으로 감당하기 부담스러운 소비 항목 위주로 시작한다. 예를 들어 휴대전화는 구매할 때 재정적인 부담이 크다. 그래서 대부분 할부로 구입하여 굳이 내지 않아도 될 할부 이자를 낸다. 휴대전화 사용 기간을 2~3년 정도라고 가정해보자. 다음에 구매할 휴대전화 가격이 대략 120만 원이라고 하면 한 달에 얼마씩 모아야 휴대전화를 일시불로 구매할 수 있는지 답이 나온다.

120만 원을 24개월로 나누면 월 5만 원이다.

이전 휴대전화를 2년 반 정도 쓰다 이번에 새로운 휴대전화를 구매했다. 2년 전부터 오로지 휴대전화를 사기 위해 목적 자금을 모았다. 그리고 내가 사고 싶은 휴대전화가 출시되어 사전 예약을 받는다는 기사를 보고 오픈마켓에서 현재 내 상황에 가장 적합한 소비 방법을 찾았다. 소소하지만 평소 이용하는 마켓 포인트를 휴대전화 구매에 보탰다. 135만 원짜리 휴대전화를 109만 원에 일시불로 결제했다. 할부가 없으니 자연스레 매달 나가는 통신비 부담도 없다. 이렇게 소비를 위한 목적 통장과 목돈 모으기 위한 저축을 동시에 할 수 있다.

편리함에
익숙해지지 말자

요즘에는 의식주를 모두 손가락 하나로 해결할 수 있다. 조금만 비용을 지불하면 안 되는 게 없다. 이러한 편리함과 간편함은 삶의 질을 높여준다. 많은 사람이 편리함의 혜택을 누리며 일상을 살아간다. 편리함은 신체적·정신적으로 안정을 취할 수 있게 해주고, 간편함은 복잡한 과정을 줄여 시간적 여유를 준다.

하지만 나는 몸이 편안해질수록 마음이 나태해지는 경향이 있다. 자동화 기술이 지속적으로 발전하면 나는 어디까지 스스로 통제할지를 생각해봤다.

내가
버스를 타는 이유

　　　　　　　　　　　평소에 택시를 타지 않는다. 어릴 때부터 내 머릿속 대중교통은 '버스와 지하철'이었다. 가계부 내역에 택시 소비가 있는 날은 게으름을 피웠거나 시간 계산을 잘못했기 때문이다. 약속 시간에 늦을 것 같아 부랴부랴 나간 날일 수도 있다. 즉, 낭비다.

　하지만 최근에는 지방 강연 빈도가 늘면서 어쩔 수 없이 타야 하는 택시 소비가 생기고 있다. 강연장으로 가는 길을 물어보면 주최 측에서는 택시비가 6,000원밖에 하지 않으니 편하게 택시 타고 오라고 한다. 그러면 나는 자동으로 '6,000원씩이나?' 하고 속으로 재해석한다.

　물론 강의료를 받지만 간혹 교통비를 제하면 거의 수익이 남지 않는 강의도 있다. 그럴 때는 마음 편히 택시를 타고 이동할 수 없어 심리적인 갈등이 생긴다. 예를 들어 울산 공항과 근접한 곳에서 아침 10시에 시작하는 강의가 있다. 기차나 버스를 타면 하루 전날 와서 숙박을 해야 했다. 그래서 결과적으로 조금 저렴한 방법을 선택한다. 당일 아침에 비행기를 타고 울산으로 간다. 시내버스 배차 간격도 길어서 택시 타는 게 더 나은 상황이지만, 강의료에 포함되어 있는 교통비는 고속버스 기준으로 책정되어 있다. 이럴 때 택시를 타면 남는 수입이 거의 없다. 그래서 가끔은 새벽 기차나 시외·고속버스를 타고 내려가 버스나 지하철로 강연 장소까지 이동한다.

'왜 사서 고생이지?'라고 생각할 수도 있다. 사실 5,000~6,000원 정도의 추가 지출은 감수할 수도 있다. 그럼에도 이렇게 하는 것은 비용 문제는 둘째 치고, 편하게 택시를 타는 행동이 나도 모르게 습관이 될 것 같은 불안감 때문이다.

솔직히 택시가 편하다. 요즘에는 택시 어플도 발달되어 택시를 잡기 위해 손을 뻗어 흔들 필요도 없다. 내 위치와 갈 곳을 보내면 정확하게 데려다준다. 하지만 그 편리함에 익숙해지면 강의할 때뿐 아니라 평소에도 택시를 탈 것만 같았다. 그게 쌓이면 꽤 큰 금액이 된다. 평소에 없었던 지출이 고정적으로 생기는 셈이다. 그러면 정작 필요한 곳에 쓸 돈도 상대적으로 줄어든다. 더불어 걷는 시간도 줄어서 살찌기 좋은 환경이 만들어진다. 여기에 살을 빼기 위해 추가적으로 운동 소비가 발생하는 악순환이 반복될 수 있다.

그렇다고 무조건 택시를 타지 말라는 건 아니다. 정말 필요할 때만 타자는 것이다. 버스 배차 시간이 1시간인 낯선 곳에서 언제 올지 모르는 버스를 한참 기다리며 시간을 허비하라는 게 아니다. 늦잠을 자서 지각을 하거나 밤늦게까지 신나게 놀고 막차가 끊기는 등 어쩔 수 없이 타는 낭비 택시를 막자는 것이다. 물론 처음부터 막차 끊길 때까지 놀고 택시를 타고 집에 가겠다는 계획을 세웠다면 괜찮다. 하지만 분위기에 취해 계획에 없던 추가 소비가 2~3차로 발생하는 것에 대해서는 다시 생각해볼 필요가 있다.

감수할 수 있는 불편함

편리한 온라인쇼핑을 더 편리하게 해주는 간편 결제 어플도 의식하고 사용해야 할 것 중 하나다. 예전에는 휴대전화 또는 PC로 물건을 사려면 카드번호, CVC, 비밀번호 입력 등 절차가 복잡해 그나마 충동 소비가 덜했다. 지금은 휴대전화 하나만 있으면 ○○페이 등 간편 결제 시스템으로 온·오프라인에서 쉽게 구매할 수 있다.

게다가 전자영수증 사용도 늘어나면서 일일이 찾아보지 않으면 내 돈을 어떻게 썼는지 알기 힘든 구조가 되었다. 물론 환경보호 차원에서는 전자영수증을 사용하면 좋지만, 나의 지출 내역을 확인하기 힘들다는 부작용이 있다.

돈을 모으려면 불편해져야 한다. 수수료를 내지 않기 위해 건너편 은행에 가서 돈을 인출하는 부자 이야기는 재테크 책에 등장하는 단골 소재다. 그렇다고 무조건 불편하게 살라는 말이 아니다. 하지만 감수할 수 있는 불편함은 적당히 받아들이는 것도 좋다. 한 번 편리함에 익숙해지면 예전의 불편한 생활로 돌아가기 힘들다. 이는 100원, 200원 푼돈을 가볍게 여기는 행동과 비슷하다. 내가 생각하는 편리함의 기준은 어디까지인가? 나만의 기준을 정해 그 안에서 편리함과 간편함을 누리는 방법을 권하고 싶다.

매일 하나씩 듣는
경제 팟캐스트의 힘

내가 대학생일 때 경제신문의 한 달 구독료는 보통 1만 5,000원이었다. 대학생에게는 50%를 할인해서 월 7,500원에 신문을 볼 수 있는 이벤트를 진행한다. 막 경제에 대한 호기심이 생겼을 때 나는 경제신문을 읽고 스크랩하면서 경제·금융 정보를 습득했다. 온라인에도 끊임없이 새로운 뉴스가 나오지만 영양가 없는 정보가 많다. 종이로 뉴스를 보면 기사에 집중도 잘 되었다.

최근에는 신문 읽을 시간조차 없을 정도로 바빠져서 4~5년 구독했던 경제신문을 읽는 일 자체가 부담으로 다가왔다. 지금 당장 내가 활용할 수 있는 재테크 소재가 아니면 기사 내용을 건너뛰기에 바빴다. 어떨 때는 그날 신문을 쭉 훑어봐도 흥미로운 기사가 없어 덮어버리기도 했다.

'좀 더 재테크 정보를 편리하게 볼 수 있는 방법은 없을까?' 그러다 눈에 들어온 것이 팟캐스트였다. 팟캐스트는 인터넷을 통해 배포되는 오디오 형식의 프로그램이다. 학창시절에 자주 들었던 라디오와 비슷해 거부감은 없었다.

당시 한창 유행이었던 〈영수증〉이라는 팟캐스트가 있었다. 친숙한 진행자들이 평범한 사람들의 영수증을 보며 소비를 분석하는 콘텐츠다. 같은 내용을 TV에서도 방영했지만 매번 방송 시간을 맞출 수 없었기에 접근성이 뛰어난 팟캐스트로 듣기 시작했다. 방송인이 진행을 하니 예능 프로그램을 듣는 듯 재미가 있었고, 일반인의 소비를 분석해서 내용에도 공감이 갔다.

일주일에 한 번 업로드 되어서 하루 이틀이면 그 주의 콘텐츠를 다 들었다. 그래서 또 다른 경제 분야 콘텐츠를 찾게 되었다. 팟캐스트 순위에서 몇 개를 골라 들어보고, 그중 괜찮은 프로그램은 구독했다.

그때 발견한 콘텐츠 중 좋은 프로그램은 〈이진우의 손에

잡히는 경제〉다. 매일 생방송한 라디오 프로그램을 몇 시간 뒤에 음성파일로 올려준다. 오늘자 주요 경제뉴스의 요점 정리를 시작으로 전반적인 금융·경제를 다룬다. 분야별 전문가가 나와 특정 주제에 대해 깊이 이야기하기도 하는데, 종이 신문이었으면 건너뛰었을 주제도 자연스레 듣게 되었다. 전체 40분 정도의 콘텐츠인데, 처음부터 쭉 들어도 지루하지 않았다. 어떨 때는 한국어가 맞나 싶을 정도로 낯선 용어도 나오지만 초보자 입장에서 쉽게 설명해주기에 유익하게 듣고 있다. 강연 준비에도 많은 도움을 받으며 지속적으로 내 재정 관리도 되돌아본다.

간편한
경제 공부

경제 팟캐스트는 최대한 자투리 시간을 활용해 듣는다. 보통 화장할 때나 혼자 밥을 먹을 때, 지하철을 타러 갈 때, 책조차 읽을 수 없는 지옥철 안에서 음악 대신 듣는다. 관심 있는 내용을 이야기하면 하나라도 더 배우기 위해 자연스레 집중도가 높아진다.

어려운 내용은 며칠에 걸쳐 다루기도 해서 계속 듣다 보면 차츰 그 용어와 현재 이슈들이 익숙해진다. 상대적으로 관심이 덜한 세계 경제와 정치에 대한 뉴스는 아직도 어렵지만 건너뛰지 않으려고 노력하고 있다. 또한 먼 이야기처럼 느껴지는 퇴직이나 노후 연금, 부동산 정보도 조금씩 공부하고 있다.

팟캐스트의 장점은 따로 경제 공부를 위한 시간을 내지 않아도 된다는 점이다. 공부에 대한 부담이 없어 편하다. 요즘은 팟캐스트에서도 다양한 콘텐츠가 쏟아져 나오기 때문에 조금만 찾아보면 자신의 관심사에 꼭 맞는 프로그램을 찾을 수 있다.

무엇보다 휴대전화만 있으면 무료로 들을 수 있기 때문에 누구나 이용 가능하다. 아직 경제 공부가 익숙하지 않은 사람이라면 비싼 비용이나 많은 시간을 들이지 않아도 되는 경제 팟캐스트로 첫걸음을 떼보는 것은 어떨까?

chapter 2.

지속 가능하고 실현 가능한
돈 관리법

가계부를 써도
돈 관리가 안 되는 이유

'부자들은 가계부를 쓰면서 돈을 모았다는데, 나는 왜 열심히 써도 그대로일까?'

돈 관리를 시작하면서 가장 먼저 내 통장에 돈이 들어오고 나가는 걸 한눈에 보기 위해 가계부부터 작성했다. 처음에는 사용하기 편리한 휴대전화 어플 가계부를 7년 넘게 사용했다. 엑셀 가계부를 이용해보기도 했다. 하지만 가계부를 써도 남들이 말하는 것처럼 극적인 변화가 있지는 않았다. 그냥 돈을 어느 정도 썼는지 내역을 확인하는 정도였다.

계획적인 소비를 하겠다는 처음 다짐과 달리 가계부를 쓸

수록 마음이 조급해졌다. 도리어 지금 쓸 돈도 없는데 사고 싶은 건 많다며 자책하는 마음이 들기도 했다. 당시 내게 가계부란 '돈을 쓰지 않도록 통제하는 1차적인 도구'였다. 통장 잔고와 가계부 잔액이 일치하지 않으면 당장이라도 그만 쓰고 싶을 정도로 숫자에만 집착했다. 매일 꼼꼼하게 써도 어긋나는 부분이 있었고, 그럴 때마다 쉽게 무너졌다.

유명하다고 입소문이 난 어플은 모두 사용해봤다. 엑셀 가계부 역시 마찬가지였다. 어플마다 각자 장점이 있었지만 내게 딱 맞는 가계부를 찾을 수 없었다. 따로 작성하지 않아도 자동으로 내역 등록, 계산, 그래프 생성까지 해주는 편리함에도 내 재정에 딱히 긍정적 영향을 주지 않았다. 어플과 엑셀 가계부를 수십 번 다운받아 사용하고 삭제한 끝에 손으로 쓰는 수기 가계부로 돌아왔다.

정말 필요한 것만
쓰는 가계부

학생 때 쓰던 용돈기입장이 아닌 가계부를 사기로 했다. 시중에 판매되고 있는 가계부를 모두 살펴봤지만 대부분 비슷한 양식이었다. '만든 사람은 직접 써봤을까?'라는 생각이 들 정도로 불편했다. 분석 없이 단순 기록만 하는 양식이거나, 이미 소비 분류가 정해져 있어 차량, 육아 등 내게 필요 없는 칸도 그냥 둬야 하는 불편한 양식도 있었다.

시중 가계부의 문제점은 오로지 수입과 지출만 관리한다는 것이다. 돈은 안 쓰는 게 아니라 필요한 곳에 잘 쓰는 건데, 무조건 반성에 초점이 맞춰진 양식은 돈에 대한 잘못된 인식을 갖게 할 우려가 높았다. 나를 비롯한 수많은 사람들이 가계부를 열심히 써도 재정 변화를 느끼지 못하는 게 당연하게 느껴졌다.

당시 나는 더 이상 이렇게 살면 안 되겠다는 생각에 시간을 관리하는 방법을 배우고 있었다. 그때 수강했던 자기계발 강의에서 시간 관리 양식을 따로 판매하고 있었는데, 그 양식 사용법에 익숙해지면서 조금씩 시간을 통제하는 법을 배웠다. 계획과 실천 그리고 피드백 순환 과정을 통해 주도적으로 시간을 관리하는 방식이다.

돈과 시간은 속성이 비슷하다고 생각했다. 이것을 참고해 직접 나만의 가계부를 만들었다. 시간을 계획하듯 아직

일어나지 않은 소비를 계획하고, 소비 후 피드백 기능을 더 했다. 수많은 금융상품 중 내 소비 패턴에 맞는 통장(입출금·저축), 카드(체크·신용)를 직접 고를 수 있게 양식을 만들었다 (《요니나의 두 번 시작하는 가계부》 참조).

가계부 양식에 필요 없는 칸이 없으니 확실히 쓰기 편했다. 혼자만 쓰다 주변에서 궁금하다고 해 당시 운영하던 독서모임 멤버를 대상으로 재능기부 형식의 강연을 몇 주간에 걸쳐 진행했다. 이후 그들의 적극적인 피드백을 받아 가계부를 출간하기도 했다.

가계부만 봐도
상황을 떠올릴 수 있도록

자신에게 맞는 가계부를 작성하면 그동안 없던 돈이 생길까? 아쉽게도 아니다. 가계부 강의를 할 때마다 듣는 단골 질문은 "가계부를 써도 변하지 않아요" "카드 내역서만 보면 내가 소비한 자료가 나오는데 굳이 쓸 필요를 못 느껴요" 등이다.

이런 사람들 중 대부분은 가계부를 어디에 돈을 썼는지

확인하는 자료 제공 역할로만 활용한다. 가계부는 현재보다 미래 소비를 대비하기 위해 쓰는 도구다. 가계부를 쓴 후 필요 소비와 아쉬운 소비를 구분하여 실수를 줄이고, 여유자금은 저축할 수 있는 참고자료가 되어야 한다.

물론 카드 내역서에도 소비 항목이 명시되어 있다. 하지만 그것으로 소비 패턴을 파악하기에는 부족하다. 예를 들어 커피를 샀을 때 카드 내역서에는 '㈜커피빈코리아 명동성당앞점'만 적혀 있다. 결제 당시에는 어떤 상황에서 소비했는지 기억할 수 있지만, 일주일이나 한 달 후 지출을 정리하면서 가계부 기록을 복기하면 어떤 상황이었는지 생각나지 않는다.

이 상황이 내가 직접 쓴 가계부에는 날짜와 함께 '식비 – 요니나가 쏜다 – 커피빈, 아이스커피 1+1'으로 적혀 있다.

대분류	소분류	사용처 및 내역	결제수단	금액
식비	요니나가 쏜다	커피빈, 아이스커피 1+1	카드	4,800

이 내용을 보면 일요일 독서모임 가기 전에 친구에게 커피를 사준 것이라는 사실이 바로 떠오른다. 구체적으로 쓰

라고 했다고 '얼음 적게, 시럽 추가'처럼 지나치게 자세하게 기록할 필요는 없다. 그러면 기록 자체에 부담을 느껴 가계부 쓰기를 포기하기 쉽다. 쓰다 지칠 정도로 자세히는 말고 자료를 활용할 수 있을 정도로만 구체적으로 쓰자.

쓴 돈이 아니라
앞으로 쓸 돈을 기록하라

사람들이 가계부를 쓸 때 자주 범하는 오해가 있다. 그중 가장 대표적인 오해가 가계부를 쓰면 돈을 모을 수 있고 부자가 된다고 생각하는 것이다. 내가 생각하는 가계부는 돈을 모아주는 것이 아니라 필요한 곳에 더 잘 쓸 수 있게 도와주는 것이다. 가계부를 쓴다고 갑자기 쓸 수 있는 돈이 많아지지는 않는다. 가계부를 쓰면서 생기는 변화는 돈에 대한 마음가짐이다.

이를 모르는 사람들이 하루 이틀 가계부를 쓰고서는 돈이 모이지 않는다면서 가계부 쓰기를 그만두고 만다. 이들은 가계부 월간 결산을 할 때 가계부의 숫자를 맞추는 데 급급하다. 하지만 월간 결산에서는 남은 잔액의 일치 여부보다 내가 평소 돈을 쓰는 상황이나 감정에 집중하면서 현금 흐름을 파악하는 일이 더 중요하다. 평일에 외식을 많이 하는지, 주말에 돈을 많이 쓰는지, 약속이 있을 때마다 한턱 쏘는 비중이 많은지, 친구를 만날 때 술을 자주 마시는지, 환절기 때마다 의료비가 발생하는지, 기분이 좋거나 나쁠 때 소비가 많아지는지 등을 비교해보는 것이다. 3개월 이상 꾸준히 기록해 데이터가 쌓이면, 줄일 수 있는 비용이나 대체할 수 있는 방법을 찾을 수 있다.

나는 강연이나 클래스가 끝난 후에 무의식적으로 달콤한 간식을 먹으며 컨디션을 회복하는 습관이 있다. 가계부를 처음 쓸 때는 '식비-간식' 분류에 소비가 많은 것을 보고, 간식 소비 0원을 목표로 세웠다. 하지만 습관이 하루아침에 없어지지 않는 것처럼 가계부에도 '식비-간식' 분류가 없어지지 않았다. 그러면 또 소비 통제를 하지 못하고 다짐을 어겼다는 생각에 굉장히 스트레스를 받았다.

이런 일이 몇 번 반복되자 나는 나의 습관을 인정하기로 했다. 이 습관을 없애기 위해 스트레스를 받느니 적당히 조절하는 게 더 낫다고 판단했다. 강의가 있는 날에는 가계부의 소비 계획에 간식 항목을 적었다. 대신 강연이나 클래스가 없는 날에는 한 달에 다섯 번 이하로만 간식을 사먹겠다는 원칙을 세웠다. 아직까지는 강연이 많지 않아 재정적으로 간식 비용이 신경 쓰일 정도로 크지 않다. 만약 강연 횟수가 늘어나면 집에서 미리 계란이나 고구마를 준비해가는 식으로 대체재를 찾아보려고 한다.

지금이라도 늦지 않았다. 돈 관리가 필요하다고 느끼는 그 순간부터 가계부를 작성하자. 사람들은 가계부는 연초에 써야 아깝지 않다는 생각을 한다. 몇 개월만 지나도 올해는 포기하고 내년부터 써야겠다며 차일피일 미룬다. 6개월 못 쓴 것에 집착하며 남은 6개월도 지금처럼 지내는 셈이다.

가계부 자료는 지금 당장보다 내년 월별 예산을 세울 때 더 유용하다. 예를 들어 경조사가 많은 달에는 소비가 늘면서 가계부를 쓸 때도 부담이 커진다. 그렇다고 이때 가계부 쓰기를 포기하면 내년에도 경조사 결산 자료 없이 똑같은 결과를 맞이해야 한다.

악순환을 하루 빨리 끊기 위해서는 부지런히 소비 내역 자료를 만드는 것이 현명하다. 내년 이맘때는 더 잘살 수 있도록 지금부터 시작하자. 쓸 수 있는 날이 고작 2~3개월밖에 남지 않아도 괜찮다. 올해가 끝나기 전부터 시작했다는 것만으로도 잘한 일이라는 걸 잊지 말자.

가계부는
계획을 위한 것

가계부를 쓰면서 가장 좋은 점은 하루가 아닌 한 달, 더 나아가 1년을 계획할 수 있다는 것이다. 지금 열심히 지출 내역을 기록하면 1년 뒤 돈 관리를 계획할 때 참고자료로 활용할 수 있다. 시간 들여 열심히 한 달 예산을 작성하지만 계속 실제 지출과 어긋나는 것은 본인이 계획적인 소비를 하지 않았기 때문이 아니다. 그보다는 합리적인 기준이 될 과거 기록이 없기 때문이다.

특히 계절적 요인이나 이벤트가 많은 달은 유독 지출 변동폭이 심하다. 매년 같은 달에 재정 관리가 엉망이라면 망설일 필요 없이 가계부를 써야 한다. 예를 들어 5월에 경조사가 많다고 머릿속으로만 생각하는 것과 눈으로 직접 데이터를 확인하는 것은 준비 자세부터 다를 수밖에 없다. 작년 5월 결산을 참고해서 올해 5월 예산을 세운다면 현실적이면서도 낭비가 없는 예산 계획이 가능하다.

여행 비용도 마찬가지다. 매년 휴가 때마다 성실하게 기간과 비용을 기록했다면 올해도 언제부터 여행 준비를 할지, 이에 대한 소비 비용이 얼마나 증가하는지 미리 예상하고 지출할 수 있다. 가계부 쓰기가 벅차다고 매번 자료 만들 기회를 놓치기 때문에 늘 돈이 없는 것이다.

가계부는 특정 기간에 소비가 월등히 증가하는 것을 막아주는 역할도 한다. 지난해에 발생한 경조사비 총합을 12개월로 나누면 1년 경조사비의 평균 금액이 나온다. 이것이 내가 경조사비로 한 달에 미리 모아야 하는 금액이다. 예를 들어 1년에 총 120만 원이 필요하다고 하자. 한 달에 10만 원씩 미리 모아두면 경조사가 많은 달도 예전처럼 힘들지 않을 것이다.

주의해야 할 점은 이 모든 자료는 참고자료일 뿐, 전적으로 의지하지 말아야 한다는 것이다. 해마다 경조사 빈도나 필요 금액이 다르기 때문이다. 가계부는 돈을 만들어주는 것이 아니라, 내 생활을 통제하면서 예측 가능하게 만들어주는 도구라는 것을 명심하자.

요니나 TIP

▶ 매일 가계부를 쓰는 방법

1. 습관 잡히기 전까지는?
- 나만의 가계부 시간을 만들어보자. 매일 일정한 시간을 가계부 작성 시간으로 지정해놓는 것이다. 하루를 마감하는 시간을 이용해 오늘을 정리하고 내일을 계획해보는 것도 좋다.
- 매번 가계부 쓰는 걸 잊는다면 알람을 설정하자. 알람이 울리면 모든 걸 멈추고 가계부에 집중하는 과정을 거치면 금방 습관으로 자리 잡는다.
- 혼자 쓰는 것이 힘들다면 네이버 재:시작 카페(cafe.yonina.kr)에 가계부 인증을 해보자. 돈 관리를 잘 하고 싶은 멤버들과 서로 응원도 하고 소비에 대한 조언, 꿀팁도 얻을 수 있다.

2. 슬럼프가 온다면?
- 무리해서 꾸역꾸역 가계부를 쓰지 마라. 오히려 슬럼프가 길어질 수 있다. 잠시 멈추고 커뮤니티에서 다른 사람의 가계부를 보고 피드백 및 응원 댓글을 달면서 긍정적 기운을 받아보는 게 좋다.

당신이 돈을 모으는
이유는 무엇인가요?

스무 살 대학생 시절 하고 싶었던 일을 돈 때문에 하지 못하게 된 적이 있다. 시험이 끝나고 친구들과 놀이동산에 가자고 한 달 전부터 약속을 했는데 당장 수중에 2~3만 원이 없어 포기해야만 했다. 돈이 충분히 있었음에도 내가 관리하지 못해 발생한 문제라 다른 누구에게 핑계를 댈 수도 없었다. 스스로에게 실망을 많이 했고, 그러면서 돈에 대한 관심이 커졌다. 하고 싶은 일이나 갖고 싶은 물건이 있을 때 더는 돈 때문에 스트레스 받거나 포기하고 싶지 않았다.

돈에 대한 관심은 커졌지만 '돈 관리'를 어디서부터 시작해야 할지 몰라서 고민했다. 그때 여러 재테크 책을 읽었는데, 공통적으로 재무목표의 중요성을 강조했다. 돈을 어디에 얼마큼 쓸지 생각해보고, 반드시 구체적으로 써보라는 이야기가 수많은 재테크 책의 공통적인 내용이었다.

많은 사람들이 재무목표를 세울 때 얼마를 모을지부터 생각한다. 그러다 금액에만 집중해 무작정 돈부터 모으기도 한다. 나 역시 이런 경험이 있다. 이럴 경우 목표 금액을 달성해도 그 돈을 가지고 어떻게 해야 할지 모른다.

사실 재무목표의 첫 단계는 액수보다 재정적 목표를 잡는 일이다. 그래야 목표 금액을 다 모았을 때 슬럼프를 최소화할 수 있다. 재무목표는 목표 문장만 읽어도 생생하게 미래가 그려질 수 있도록 구체적으로 적자. 미래 꿈을 생각한 후 그것을 이루기 위한 단계별 실천 계획을 세워봐도 좋다. 그 과정에 필요한 현실적인 금액을 설정하면 그것이 바로 재무목표가 된다. '돈이 많으면 좋을 것 같아서', '노후에 편하게 살려고', '부자가 되고 싶어서' 등 모호한 목표는 좋지 않다. 결과를 측정할 방법이 없어 내가 잘하고 있는지 확인하기 어렵다.

구체적인 숫자
설정이 첫 단계

주변에서 1년에 1,000만 원 모으기, 서른 살에 1억 모으기 등의 문구를 본 적이 있을 것이다. 이렇게 나이와 금액을 명시한 금융 마케팅은 꾸준히 인기를 얻고 있다. 서점에 가도 이런 책 제목이라면 한 번 더 눈길이 간다.

나 역시 처음 세운 재무목표는 '대학 졸업 때 1,000만 원 돌파하기'였다. 포털 사이트에 '대학생 재테크'라고 검색하면 500만 원 또는 1,000만 원 모으기가 보편화되어 있었기에 거부감이 적었다. 이어서 '한 달 투자 수익률이 5%를 넘으면 부동산 공부 시작하기', '서른 살에 순자산 1억 넘기기', '별도로 결혼자금 4,000만 원 이상 준비하기' 등의 재무목표를 세웠다.

재무목표를 세우고 난 후에는 가계부를 쓰며 불필요한 지출을 줄이고, 대외활동으로 부수입을 벌어 돈을 모으기 시작했다. 그리고 스물네 살 휴학 2년 차 여름, 대학을 졸업하기 전에 꿈에 그리던 1,000만 원 모으기 목표를 달성했다. 그런데 통장에 차곡차곡 모은 돈을 보고 처음 들었던 감정은 '허무함'이었다.

'우와! 진짜 모았네! 근데 이걸로 무엇을 할 수 있는 거지?'

모은 돈을 어떻게 하겠다는 구체적인 관리 계획이 없었기에 계속 통장에 방치했다. 악착같이 돈을 모을 때 한두 개라도 어디에 쓸지 자금 계획을 세웠더라면 바로 다음 돈 관리 단계로 넘어갈 수 있었을 것이다. 그러면 1,000만 원 달성 후 온 슬럼프를 금세 극복했을지도 모른다.

내 돈을 쓸
우선순위 정하기

하지만 누구도 구체적인 목표 세우는 법을 가르쳐주지 않았다. 몇 번의 시도와 실패를 반복하면서 헤맬 수밖에 없었다. 그 결과 재무목표를 추상적으로 세우는 건 안 하는 것과 같다는 결론을 내렸다.

모호한 목표는 깊게 생각하지 않고 구체적이지 않아도 되니 편하고 쉬울 수 있다. 나도 돈만 많으면 목표는 그때 가서 생각해도 괜찮을 줄 알았다. 하지만 목표 없이 돈을 모으는 것에만 초점이 맞추면 막상 그 금액에 도달해도 재테크 시야가 좁아져 다음 단계로 나아가기 어렵다. 그렇다고 다음 목표를 '5,000만 원 모으기'로 잡으면 평생 돈만 모으고 정작 필요할 때 쓸 수 없는 스크루지 영감이 될 것이다.

재테크에서는 돈을 모으는 것은 물론, 가치 있는 곳에 소비하는 것 또한 중요하다. 그러려면 저축 외에 다양하게 돈을 활용할 수 있는 방법을 생각해봐야 한다. 예를 들어 100만 원을 모아 공부할 때 쓸 노트북을 사는 것과 그냥 100만 원을 모으는 것은 마음가짐부터 다르다.

목적 없이 돈을 모으면 자금이 생길 때마다 필요하거나 원하는 것을 소비하면서 정작 꿈을 이루기 위해 필요한 자금은 우선순위에서 밀리게 된다. 같은 금액의 돈을 모으더라도 그중 4,000만 원은 결혼자금, 1,500만 원은 투자와 저축 및 비상금, 나머지 금액 일부는 여행이나 사고 싶었던 물건 소비 등 쓰임새를 잘게 나눠보자. 확실한 동기가 생기면 돈 모으는 속도가 붙는다.

마지막으로 재무목표가 하나일 필요는 없다. 시기에 따라 여러 개로 나누어 관리하면서 최대한 오래 유지하는 것이 중요하다.

요나나 TIP

▶ 재무목표 만드는 순서

1. 모으고 싶은 금액과 구체적인 이유, 달성 날짜를 작성한다.

    예) 5년 안에 결혼자금 4,000만 원을 모아 부모님의 재정적 도움 없이 결혼한다.

2. 앞으로 1년 동안 모아야 하는 금액을 역으로 계산한다.

    예) 1년에 800만 원, 한 달에 약 67만 원 이상 모아야 한다.

3. 실생활 속에서 변화가 필요한 재테크 부분(소비, 저축, 투자, 비상금 등)을 확인한다.

    이때 수입 증진은 노력만으로 달성할 수 없으므로 제외한다.

    예) 소비 : 음료 소비 1주일에 5회 → 2회로 줄이기

    　　　　　　(1잔 5,000원 기준, 25,000원 → 10,000원)

    　　저축 : 공돈이 발생하면 즉시 공돈 통장에 입금하기

    　　　　　　(그동안 귀찮다고 미루면서 소비에 보태고 있었음)

    　　투자 : 주식 관리 항목 50개 → 25개로 줄이기

    　　　　　　(돈이 분산되어 수익률이 높아도 수익금이 적음)

    　　비상금 : 자산의 10% 정도를 유지하면서 금리 높은 비상금 통장 활용하기

    　　　　　　(우대금리를 주는 상품은 한도가 있으니 한도에 딱 맞춰 관리하기)

4. 추가로 재무목표 달성을 위해 도전할 것을 작성한다.

    예) 포인트 적금통장을 개설해 포인트 현금화하기

    　　　(포인트를 보면 소비하고 싶어져 과소비할 위험이 높음)

한정된 수입으로
최대의 만족을 얻는 방법

여행 계획을 세울 때를 떠올려보자. 가장 먼저 언제, 어디에, 얼마 동안 있을 것인지를 생각할 것이다. 이때 일정만큼 중요한 것이 예산 세우기다. 한정된 시간과 돈으로 최대의 만족을 얻기 위해서다. 여행뿐만 아니다. 일상생활에서도 내게 쥐어진 한정된 자금을 보다 효율적으로 관리하기 위해서는 여행 예산을 짜듯 생활비 예산을 세워야한다.

자신이 궁극적으로 추구하고자 하는 재무목표를 바탕으로 한 예산이라면 금상첨화. 소비하기 전 미리 계획하는 것만으로도 지출 쓰임새가 구체적이고 명확해진다. 평소에는 장기 재무목표가 막연해 쓰고 이룬다는 자체가 부담스러울 수 있다. 가계부로 꾸준히 연습하면 꿈과 목표에 한 걸음 더 가까이 다가갈 수 있다.

예산 작성이 결산을 내는 것보다 상대적으로 어려운 이유는 앞으로 일어날 일을 예측해야 하기 때문이다. 세운 계획이 정확하게 맞아 들어가면 좋겠지만 처음부터 그런 행운이 오기는 쉽지 않다. 실패해도 계속 도전하면서 오차 범위를 줄여 나갈 필요가 있다.

힘들고 불편하지만 예산을 세워야 하는 이유는 네 가지다. 첫째, 불필요한 지출을 최소화할 수 있다. 알고 쓰는 지출은 사전에 대비할 수 있지만, 모르고 쓰는 지출에는 소비 패턴이 무너질 수 있다. 더불어 지출에 대한 만족도도 떨어진다.

둘째, 우선순위가 명확해진다. 한정된 돈을 어디에 먼저 쓸지 결정하면서 합리적인 선택에 도움을 준다.

셋째, 균형 잡힌 돈 관리가 가능하다. 대분류별로 금액을 계산하는 과정에서 한쪽에만 치중되지 않게 미리 조절할 수 있다. 예를 들어 예산을 세울 때 식비가 20만 원, 저축은

0원이라면 스스로 조정해야겠다는 생각이 든다. 같은 20만 원을 식비 10만 원, 문화생활 5만 원, 저축 5만 원 등 분류별로 나눠 계획할 수 있다.

넷째, 계획적인 삶을 살아갈 수 있다. 예산 작성을 위해서는 한 달이 대략적으로 그려져야 한다. 예산은 하루하루에 급급하기보다 조금씩 미래를 대비할 수 있게 도와준다.

예산을 세우는
몇 가지 방법

예산 작성 방법은 지난달 결산 자료가 있을 때와 없을 때가 다르다. 자신의 상황에 맞게 꼼꼼하게 예산을 세워보자.

1. 지난달 결산자료가 있을 때

① 낭비 : 줄여야 하는 부분

결산에서 나온 객관적인 자료를 바탕으로 낭비를 체크해보자. 굳이 낭비가 아니더라도 생각했던 것보다 소비 금액이나 빈도가 높으면 집중적으로 그 부분을 관리하는 것이 좋다.

예를 들어 커피를 일주일에 세 번, 한 달에 열두 번을 먹으면서 총 6만 원 넘는 돈을 지출했다. 무의식적으로 마신 커피 금액을 줄여야겠다는 생각이 든다면 일주일에 두 번, 한 달에 여덟 번, 총 4만 원 이하로 마시겠다는 미션을 만들어보자. 커피 자체를 당장 끊기 어렵다면 집에서 텀블러에 커피 타서 외출하는 것도 좋고, 다른 대체재를 찾아 커피 마시는 횟수를 줄이는 방법도 있다.

또는 평소 택시를 타지 않는데 지난달에 택시비 6,000원이 나왔다면 이번 달은 다시 0원으로 만드는 목표를 세운다. 약속 장소에 지각하지 않게 알람을 맞춘다거나 일찍 준비하게 될 것이다. 눈에 보이는 불필요한 지출을 결산에서는 즉시 확인할 수 있다.

② 고정지출과 반고정지출

고정지출은 매달 정기적으로 소비되는 분류 지출로 교통비, 통신비, 저축, 신문구독료, 관리비, 자동차세, 보험, 데이트 비용 등이 있다. 고정지출을 예산으로 세울 때 대분류로만 계획할 것인지, 소분류까지 자세하게 작성할 것인지는 본인 성향에 맞게 고르면 된다. 지난달 결산으로 분류마다 대략적인 금액을 파악할 수 있다. 이번 달에 특별한 일정이 없다면 지난달 분류 결산과 비슷한 금액으로 설정하면 된다.

예산을 조금 더 쉽게 작성할 수 있는 방법은 총 세 가지다. 첫째, 딱 맞게 금액을 설정하는 방법이다. 지출이 이미 고정된 금액으로 이번 달에 변동이 없을 때는 바로 예산을 책정할 수 있다. 보통 통신비, 신문구독료, 지하철 정기권, 정기적금 등이 있다.

둘째, 여유자금을 포함해 금액을 설정하는 방법이다. 매번 달라지는 금액 때문에 스트레스를 받기 싫다면 비상금(예비비)을 넣어 계획을 세운다. 예를 들어 지하철 정기권뿐 아니라 선불 교통카드로 버스 이용을 할 수 있다는 가능성을 열어두고, 교통비에 1만 원을 추가해 예산을 짜는 것이다. 데이트 비용이 지난달에 조금 팍팍했다면 살짝 여유롭게 예산을 책정할 수도 있다. 단, 여유자금이 생겼다고 평소보다 과소비를 하는 건 바람직하지 않다.

셋째, 첫 번째와 두 번째 방법을 융합하는 것이다. 느슨하지도 않으면서 얽매이지 않는 방법으로, 소비 분류마다 특색을 달리해 지정한다.

반고정지출은 가족 행사, 지인 경조사, 구매를 미룬 소비 항목 등 매달 고정적으로 지출하는 항목은 아니지만 이번 달에 꼭 해야 하는 필수 지출이다. 고정지출 예산을 세우듯 금액과 결제일을 미리 적어보자. 월간 달력을 활용해도 좋다.

③ 결산을 기본으로 대략적인 금액 파악

예산 작성 초창기에는 금액이 딱 맞아떨어지는 지출 외 어느 정도 여유자금을 마련하는 것도 좋은 방법이다. 예를 들어 지난달 식비가 6만 1,020원이었다. 하지만 얻어먹은 것도 있어 다음 달에는 베풀어야 할 수 있다. 친구와 약속이 지난달보다 많을 것 같다면 이번 달은 좀 더 넉넉하게 9만 원으로 예산을 세우자. 단, 예산 금액을 정한 이유가 명확하게 있어야 한다.

한정된 자산을 생각 없이 소비하면 예산을 세우는 의미가 없어진다. 물론 딱 맞는 예산도 좋지만 처음부터 팍팍하면 예산 작성을 중도에 포기하게 된다. 또한 소득 감소가 예상된다면 반드시 예산에 반영해야 한다. 수입은 줄었는데, 소비액이 그대로면 마이너스가 나게 되어 다음 달에 영향을 미치기 때문이다. 반면 소득이 늘어도 소비 예산을 늘리면 안 된다. 소비 대신 저축과 비상금을 늘리거나 빚이 있다면 갚는 방향으로 신중하게 예산 계획을 세워야 한다.

2. 지난달 결산자료가 없을 때

기본적인 자료가 없다면 예산을 세울 때 막막할 수 있다. 그래서 결산 자료가 있는 사람보다 더 집중과 노력이 필요하다. 처음부터 완벽할 수 없다는 걸 인지하고 조금씩 예산을 세워보면서 오차를 줄이는 방향으로 나아가는 것이 중요하다.

어림잡아 예산 계획을 세우되, 일주일 가계부 자료가 있다면 '일주일 결산 금액×4'를 해서 한 달 예산을 계획해봐도 괜찮다. 또한 평소 줄이고 싶은 부분이 있다면 체크해 예산에 반영하자.

소비 본능을 자극하는
보너스의 유혹

일상에 갑작스런 변화가 생기면 신경 쓸 일이 많아진다. 돈도 마찬가지다. 월급을 받으면 매달 정해진 날짜에 고정수입이 들어온다. 그러면 한정된 돈을 어디에 얼마만큼 쓸 수 있는지 먼저 정하고, 월말에는 남은 돈을 비상금 통장이나 추가 저축으로 이체한 후 자잘하게 남아 있는 소비 통장 잔고를 정리하느라 바쁘다. 그러다 보너스나 명절 상여금 등 예상하지 못한 변동수입이 생기면 자연스레 "이 돈으로 무엇을 사지?" 하는 소비 본능이 꿈틀거렸다.

'매달 한정된 돈 안에서 돈 관리를 잘하고 있으니 이벤트

처럼 가끔 생기는 돈은 평소 사고 싶었던 걸 사도 괜찮겠지!'

이런 안일한 생각이 어디선가 나타나 날 유혹했다. 고정적으로 들어오는 돈은 관리를 잘한다고 생각했지만, 예상하지 못한 수입이 생기면 당황했다. 그때 나만의 기준이 있어 공돈, 푼돈 관리를 잘했다면 1억 원 달성 시기가 조금 더 앞당겨졌을 것이다.

본격적으로 변동수입에 관심 가져야겠다고 생각하게 된 계기는 고정수입 외에 부수입 규모가 점점 커지게 되면서부터다. 책을 쓰면서 받은 계약금 등 고정수입이 아니지만 그렇다고 소비 통장에 두고 마구 쓰기에는 아까운 변동수입이 하나둘 생겼다. 어떻게 통제해야 너무 강제적이지 않으면서도 열심히 모은 돈을 지키며 평소 소비 패턴을 유지할 수 있을지에 대해 고민했다.

지출 통장을 나눠 관리하라

먼저 소비로 쓸 비용과 그렇지 않은 돈을 철저하게 나눠 그렇지 않은 돈은 눈앞에 보이지 않게 했다. 줄곧 가계부를 쓰고 있었기에 한 달 고정지출과 변동지출 예상 금액을 쉽게 알 수 있었다. 그리고 지출 통장을 고정지출 통장과 변동지출 통장으로 나눠 관리했다. 그러자 지출을 통제하기 더 쉬워졌다.

통장 한 개로 고정지출과 변동지출을 모두 관리하면 편할 수는 있어도 예측이 어긋나 통장에 돈이 부족하면 해결하기 힘들다. 예상보다 큰 변동지출 때문에 자동이체가 안 돼서 저축 납입을 못하거나 정말 필요한 소비를 미뤄야 할 가능성도 생긴다.

학생 때는 고정수입이던 용돈에 소비가 맞춰졌기에 일시적 수입은 모두 비상금 통장에 넣었다. 쓸 수 있는 돈이 늘었다고 예정에 없던 지출을 충동적으로 하지 않겠다는 의지였다. 그렇다고 예금에 가입하기에는 돈이 오래 묶인다는 부담이 컸다.

변동지출로 감당이 안 되는 고가 물건은 미리 목적 통장을 만들어 조금씩 오직 목적 소비만을 위해 돈을 모았다. 쉽게 유혹에 빠지는 나를 통제하기 위해서다. 과정을 계속 반복하다 보니 돈이 쌓이는 속도가 빨라졌다. 그 덕분에 졸업 전에 1,000만 원을 모을 수 있었다.

사회생활을 할 때도 마찬가지다. 매달 월급이 들어오면 고정지출과 변동지출 통장에 각각 이체한다. 그 외 추가로 들어오는 수입은 따지지 않고 모두 비상금 통장에 넣는다. 비상금 통장으로 이체할 때는 '받는 이/보낸 이'에 '대외활동비(공돈 NO)'라고 이체내역을 적으면 나중에 확인하기 쉽다. 사람은 망각의 동물이라 기록을 해놔야 이 돈이 열심히 일해서 번 돈임을 알 수 있다. 나는 프리랜서 생활을 하기 때문에 정해진 날짜에 일정한 돈이 들어오지 않는다. 이럴 때는 평소 수입을 기준으로 임의로 한 달 월급을 설정해 똑같이 관리하면 된다.

이때 주의할 점은 비상금 통장에 무한정 돈을 넣지는 않는다는 것이다. 각자 비상금에 대한 기준이 있을 것이다. 나는 전 자산의 10%다. 그 금액 이상 모이면 예금으로 묶어두거나 투자자금으로 전환하며 비중을 조절한다. 자산이 늘어날수록 비상금 통장에 들어 있는 돈도 늘려 만일의 사태에 대비하자.

매달 나가는 돈,
정말 필요한가요?

나는 정기구독 서비스의 유혹에 약한 편이다. 신문이나 잡지를 구독할 때 장기간 정기구독을 하면 매달 결제할 때보다 할인을 받을 수 있다. 정기결제 때만 받을 수 있는 할인이나 사은품도 있으니 훨씬 이득이라고 생각한다.

정기구독하면 매일 아침 더 열심히 경제잡지를 읽을 것 같은 생각이 든다. 음원사이트, 중국어 회화 강의 등도 마찬가지다. 정기결제를 하면서 꾸준히 실천하겠다고 다짐하고 미래를 계획한다.

정기구독으로 지출을 고정시키면 매달 신경 쓰지 않아

도 정해진 날짜에 알아서 돈이 빠져나가 편리하다. 하지만 이런 서비스는 해당 상품이 불필요해져도 약속한 기간만큼 돈을 지불하겠다는 약속이 포함된 것이다. 특히 정기결제를 할 때는 신중해야 한다. 가입은 쉬워도 해지는 어렵다. 결제하는 순간에는 그 가격 이상으로 활용할 것이라는 낙관적 마음이 클 수 있지만, 익숙해지면 방치해두고 한번도 들춰보지 않는 물건이 될 가능성이 높다.

자신의 평소 습관을 전혀 고려하지 않은 채 정기결제를 하는 것은 위험하다. 이걸 계기로 어제와 다른 새로운 삶을 살 수 있을 것이라 생각해서는 안 된다.

정기결제가
습관을 만들어주지 않는다

어릴 때 매주 정기적으로 배송되는 학습지를 생각해보면 내 작심삼일 습관을 확실히 알 수 있다. 꾸준히 하지 못하니 풀지 않은 학습지가 계속 쌓였다. 한두 개가 밀리면 과감히 지난 것은 버리고 지금 해야 하는 학습지에 집중해야 한다. 그래야 다음 학습지도 밀리지 않는다. 하지만 나는 자꾸 미련이 남아 지난 학습지를 정리하지 못 하고 쌓아놓았다. 그리고 이것은 결국 스트레스가 되어 나에게 돌아왔다.

어릴 때는 학습지, 독서 관련 잡지, 청소년 경제신문 등이었고 20대에는 경제신문, 음악 서비스가 내 발목을 잡고 있었다. 경제신문은 반값에 정기구독하면서 월 7,500원씩 지출했다. 그 돈만큼 활용했다고 대답하기 힘들다. 고민 끝에 정기구독을 정리하여 1년에 고정지출 9만 원을 줄였다.

음악 스트리밍 역시 처음 몇 달은 열심히 이용했지만 점점 이용 빈도가 줄어들면서 사용하지 않는 날이 늘어났다. 월 8,000원의 음원 정기결제 역시 과감하게 해지하니 1년에 9만 6,000원을 아낄 수 있었다.

예전에는 매달 결제하는 일이 귀찮은 데다 언젠가 다시 보고 들을 거라며 정기결제 서비스를 해지하지 못했다. 하지만 한 번 떠난 마음을 되돌리기는 쉽지 않다. 사용하지 않는 정기결제는 과감히 해지하자. 진짜 필요해지면 그때 새로 가입해도 된다. 물론 옛날에 비해 가격은 올랐을 수 있지만 굳이 이용하지도 않는 서비스 금액을 미리 지출하는 것보다 낫다.

정기적으로
고정지출을 점검하라

고정지출의 다른 뜻은 수입이 고정적으로 감소한다는 것이다. 한 달 결산을 정리할 때마다 고정지출을 점검해보자. 객관적으로 점검하면서 고정지출의 종류와 개수, 금액을 서서히 줄여야 한다. 해지 후 처음 며칠은 후회가 되기도 하지만 적응하면 내가 언제 그걸 소비했냐는 듯 불편함 없이 지낸다.

물론 고정지출 항목 중에는 금액을 늘려야 하는 것도 있다. 바로 저축, 기부, 후원과 같은 항목이다. 이런 지출은 다른 소비와 달리 강압적으로 하지 않으면 지속하기 힘들다. 빼먹는 날이 없도록 자동이체는 필수다. 다시 말해 무조건 고정지출을 줄이라는 것이 아니라 우선순위를 정해 중요도가 낮은 것부터 정리하라는 말이다. 최대한 나의 재무관리에 유리하도록 정기결제를 활용하자.

예상보다
돈을 적게 쓴 날이 기회다

가계부를 쓰기 시작하면서 아예 지출을 하지 않은 날도 생겼다. 처음 몇 달은 늘 쓸 돈이 부족해 어쩌다 하루 무(無)지출을 하는 날이면 다음날 쓸 돈이 생겨 다행이라고 생각했다. 이런 상태가 계속되자 지출이 없는 날이 많아져도 한 달 결산에서 재정 상태가 크게 변하지 않았다. 오히려 무지출 덕분에 일주일 또는 한 달 예산이 남으면서 소비할 때 추가 지출해도 된다는 여유로움이 생겨 소비를 부추겼다.

무지출이 하루 가계부 기록에서 끝나는 것이 아쉬웠다.

나름대로 의미를 부여하고 싶었다. 그러다 우연히 카페 회원 한 명이 지출 없는 날은 스스로에게 잘했다는 의미로 소액이라도 좋으니 일정 금액을 저축하고 기록한다는 글을 보았다. 그 글을 보고 나도 한 치의 망설임 없이 무지출 통장을 만들었다. 돈을 쓰지 않은 날을 또 다른 저축하는 날로 정하면서 남은 예산을 추가 소비가 아닌 저축으로 전환하여 또 다른 종잣돈을 만들기 시작했다.

무지출 통장에 넣는 저축 금액은 자유롭다. 1,000원이나 5,000원처럼 일정 금액으로 정해도 되고 매번 금액이 달라도 상관없다. 단, 소액도 좋으니 지금 당장 돈이 없어 못한다고 포기하지만 말자. 하는 것과 안 하는 것은 시간이 지났을 때 차이가 크다.

통장 종류는 매일 자투리 금액을 넣을 수 있는 상품이면 좋다. 저금통도 좋지만 소액의 이자도 함께 받는 게 낫다고 생각하면 자유 적금, 자유 입출금 통장, CMA 통장 등을 이용해보자. 개설만 해놓고 딱히 사용 용도를 정하지 않아 방치해둔 통장을 활용하면 된다. 실제 무지출 통장으로 저축을 시작한 사람 중 사용하지 않은 적금 통장을 다시 살려 활용하는 사례도 종종 볼 수 있다.

저축 기간은 본인 상황에 맞게 자유롭게 설정하면 된다. 6개월도 좋고 1년도 좋다. 단, 1년을 넘기지 않는 것을 권한다. 나는 저축한 금액이 한 달에 한 번씩 자유 입출금 통장으로 캐시백되는 일명 '스윙계좌' 상품을 활용하고 있다. 월 1회 소소한 이자도 함께 들어와 지루할 틈이 없다는 것이 장점이다. 요즘에는 자유 적금도 스마트폰으로 간단하게 가입하고 관리할 수 있다.

무지출 통장
활용 단계

무지출 통장을 활용하는 방법은 총 3단계로 나눌 수 있다. 가장 쉽게 따라할 수 있는 1단계부터 고난이도 3단계까지. 먼저 1단계부터 시작해서 습관을 만들어보자.

1단계 : 미리 무지출 미션 금액을 정해놓고, 소비계획 여부와 상관없이 지출이 없는 날이나 그다음 날 통장에 미션 금액을 저축한다.

2단계 : 소비계획에 지출 항목을 적었지만 스스로 통제해 무지출을 했다면 원래 계획했던 소비금액을 입금한다. 예를 들어 간식비, 유흥비, 기호식품, 택시비 등 또는 지금 당장 구매하지 않아도 될 것들을 아꼈다면 그 금액만큼 저축하는 것이다. 만약 무지출하는 게 계획이었다면 무지출했을 때 미션 금액을 입금한다.

3단계 : 1단계와 2단계를 함께 한다. 만약 무지출을 했으면 소비하려고 했던 금액과 무지출 미션 금액을 추가로 입금하는 것이다. 본인 의지가 약하다면 자유 입출금 통장이나 CMA 통장보다는 기간을 정해놓고 만기 때까지 뺄 수 없는 예·적금 통장을 선택하는 게 좋다.

활용 레벨이 올라갈수록 저축 범위는 넓어지고 소비계획을 세울 때 더 신중해진다. 먼저 1, 2단계부터 시작해보자. 3단계는 무지출 빈도와 소비계획 달성 확률이 높으면 도전하는 게 좋다. 섣불리 3단계로 넘어가면 금방 지칠 수 있다.

무지출을 통해 모은 돈을 어떻게 활용할지에는 정답이 없다. 하지만 보통 통장 운영 방식에 따라 다양한 방법이 나올 수 있다. 무지출 통장에 모인 돈을 그대로 추가 저축할 수도 있고, 목적 통장으로 옮겨 필요 소비에 쓸 수도 있다.

나는 무지출 통장에 모인 돈을 한 달에 한 번씩 자유 입출금 통장으로 옮겨 금액의 50%는 푼·공돈 저축 통장 또는 장기 저축 상품에 추가로 납입한다. 남은 50%는 목적 통장에 옮겨 경조사 통장, 의료비 통장 등으로 배분해 추가 종잣돈을 마련한다. 무지출 통장이 1년 이하 저축상품이라면 만기된 돈을 모두 추가 저축하거나 일정 부분만 저축하고, 남은 돈은 소비해야 할 부분에 보태는 방법도 있다.

직장인은 매일 고정적으로 발생하는 교통비, 식비로 인해 무지출이 어려울 수 있다. 그렇다면 고정비를 제외한 무지출 소비계획으로 시작해보는 것도 좋다. 의지가 강하고 부지런하면 지출이 없는 날을 만들 수 있다.

무지출 통장 미션을 한다고 해서 너무 지출을 줄이는 것에 집착하지는 말자. 무지출을 한 날은 소비의 유혹을 뿌리친 것에 스스로 칭찬해주고, 무지출을 아쉽게 못한 날은 계획 소비를 했다는 것에 기뻐하는 것이 중요하다. 우리가 돈 관리를 하는 이유는 무조건 안 쓰는 것보다 계획적인 소비 생활을 하기 위한 것이니 말이다.

통 큰 소비에
쩨쩨하게 굴지 않는 법

"평소에는 소비 패턴이 거의 비슷한데 몇 개월에
한 번씩 크게 빠져 나가면서 과소비하는 느낌이에요."

"분명 필요한 소비인데 금액 자체가 크니까 돈을 써도 마
음이 불편해요."

"경조사가 특정한 달에 몰려 있어 자꾸 마이너스가 돼요."

가계부를 꾸준히 쓰다 보면 잔잔했던 소비 흐름에 격동
의 변화가 일어나는 시기가 있다. 만약 지출 금액이 감소한
다면 긍정적인 변화다. 반대라면 평소 절약을 했어도 전체
지출이 대폭 상승한다. 급격한 지출 상승에 미리 대비하지

못하면 의욕이 꺾이면서 가계부 작성 자체를 중단하기도 한다. '열심히 써도 나아지지가 않네'라는 속상함과 함께 말이다.

특히 경조사가 몰려 있는 5월과 12월, 계절 바뀔 때마다 한 번씩 구매하는 옷, 한꺼번에 사야 하는 기초화장품 등 생활 밀착형 항목은 아니지만 어쩔 수 없이 쓰게 되는 비용이 있다. 이런 비용은 늘 예산을 초과해 월간 결산을 할 때 이미 내 가계부에서 큰 비중을 차지한다.

'경조사 비용을 조금 아끼면 내가 쓸 수 있는 변동지출 비용이 늘어날 텐데.'

경조사 비용은 내가 돈을 벌어 가치 있는 곳에 지출하는 항목 중 하나이므로 고민이 더 많았다. 돈 때문에 내가 신경 쓰고 챙겨야 할 사람들을 소홀하게 대하고 싶지는 않았다.

이렇게 평소에는 과소비를 하지 않는데 특정 기간에 소비 규모가 커져 고민이라면 조금만 일찍 준비해보자. 약간만 대비해도 평소처럼 잔잔한 소비 흐름을 유지하면서 불쑥 찾아오는 필요 소비를 큰 부담 없이 처리할 수 있다.

우선 1년 동안 발생하는 경조사비를 가계부에 꼼꼼하게

기록한다. 확실히 기록이 있으면 언제 돈을 많이 쓰고 적게 쓰는지 한눈에 보인다. 매년 금액은 조금씩 변하지만 작년에 사용한 금액을 참고자료로 사용하면 예산을 세울 때 오차가 많이 줄어든다.

소비할 항목의 필요 금액을 예상하고 미리 돈을 모으면, 해야 할 소비에 집중하면서 부담을 최소화할 수 있다. 경조사 외에도 의류, 여행, 화장품 등 한번에 많은 돈이 나가는 소비 항목에서 잘 활용하고 있다.

소비 목적
통장 만들기

나는 지난해에 오롯이 경조사비로 74만 3,280원을 썼다. 이 금액을 12개월로 나누면 한 달에 6만 1,940원이다. 조금 넉넉하게 월 7만 원씩 모으기로 했다. 주로 사용하지 않는 자유 입출금 통장에 '경조사'라는 이름으로 적금 넣듯 매달 정해진 날짜에 입금한다. 이후 경조사가 있을 때는 변동지출 항목이 아니라 미리 모아둔 경조사 통장 안에서 소비한다.

옷도 마찬가지다. 예전에 옷을 구매할 때는 한 달 예산 항목에 '의복'으로 5만 원씩 소비할 금액을 적어놓고 구매했다. 적은 비용으로 자주 구매하다 보니 어느 순간 옷을 제대로 활용하지 못하는 느낌이 들었다. 기간을 늘려 1분기마다 한 번씩 제대로 구매하기로 했다. 매달 나가던 의복 비용이 생기지 않으니 당장은 지출이 감소한 느낌이라 좋았다.

하지만 3~4개월에 한 번씩 최소 20만 원(5만 원×4개월)의 지출이 '의류' 특정 항목에서 생겼다. 한꺼번에 나가는 변동지출이 생기면서 다른 항목 예산을 건드리는 경우도 생겼고, 필요 소비를 다음 달로 미루는 등 소비 패턴이 엉망이 되었다.

몇 번 반복 끝에 경조사 통장처럼 의류 소비 목적 통장을 만들었다. 목표 금액을 정한 후 적금 넣듯 일정 금액을 오롯이 의류 소비를 위해 돈을 모았다. 지난 3~4개월 동안 사용한 의류 소비금액을 계산해본다. 3개월 동안 의류 구입에 약 30만 원을 소비했다면 3개월로 나눠 한 달에 10만 원씩 모은 후 이 돈으로 옷을 샀다.

화장품 역시 기본으로 쓰는 제품은 구매 주기가 있다. 만약 6개월 주기로 약 10만 원씩 화장품 비용을 지출한다면 한 달에 2만 원씩 '화장품 비용'으로 따로 돈을 모은다. 동시에 자주 구매하는 화장품 회사의 이벤트 기간을 확인하고 쿠폰, 포인트도 함께 모은다. 이렇게 미리 대비하면 '핫딜'이나 초특가에 혹해 예상치 못한 충동구매를 한 후 물건을 쟁여놓는 비중도 감소한다. 실제 5만 6,000원어치 화장품을 주문할 때 이벤트 할인 3,100원, 결제쿠폰 할인 5,000원, 출석체크 포인트 할인 8,970원으로 총 1만 7,070원 할인받았다. 추후 상품평 작성과 구매 포인트 적립으로 3,947원을 돌려받아 결과적으로 훨씬 저렴하게 구매한 셈이다.

소비를 위한 목적 통장은 실생활 소비 통장과 별도로 현재 사용하지 않는 자유 입출금 통장으로 만드는 게 좋다. 적금과 달리 지출이 필요할 때마다 자유롭게 이체해야 하기 때문이다.

소비 변동폭이 크기 때문에 금리가 높은 통장보다는 이체 수수료가 면제되는 통장을 고르자. 휴대전화 구매나 여행처럼 자주 소비하지 않지만 금액이 큰 지출이 있다면, 그 기간에만 모을 수 있는 적금을 활용해볼 수도 있다. 이렇게 통장 분리만 했을 뿐인데 돈에 목적이 생기면서 필요한 곳에 망설이지 않고 사용할 수 있게 되었다.

요나나 TIP

- 한 번에 지출 금액이 큰 항목은 최소 6개월 또는 1년 정도의 기간을 잡고 소비 데이터를 만들자.
- 돈을 모으기 위한 저축이 있듯 소비를 위해 미리 모으는 저축 방법도 있다. 단, 세세한 항목까지 만들면 관리하기 번거로울 수 있다. '원함 지출', '특수 지출', '금액이 큰 지출' 위주로 관리하는 것이 효율적이다.

여름휴가는
우아하게 보내자

　나의 꿈 리스트에는 '1년에 한 번 이상 해외여행 가기'가 있다. 장소에 상관없이 일상을 벗어난 곳이라면 어디든 좋다. 우리나라를 사랑하지만 여행만큼은 '열심히 일한 당신 떠나라!' 모토를 늘 마음속에 간직하고 있다. 내 체력과 시간을 조금 더 자유롭게 쓸 수 있는 20~30대에 가능한 한 다양한 곳을 경험하고 싶다.

　그런데 이 꿈을 이루기 위한 비용이 만만치 않다. 한 번은 스무 살 이후 순수하게 내가 모은 돈으로 떠난 여행 경비가 얼마인지 계산해본 적이 있다. 총 열여덟 번의 해외여행을 다녀왔고, 약 3,000만 원 이상을 썼다. 1년에 300만 원 정도를 오로지 여행에 쓴 것이다.

여행 비용을 결제하는 수단은 전부 체크카드와 현금이다. 다른 소비도 마찬가지지만 특히 여행은 할부가 아닌 일시불로 결제한다. 여행만큼은 빚내서 떠나고 싶지 않았다. 내게 여행은 열심히 일한 나에게 주는 선물이다. 할부로 몇십 개월로 나눠 갚는 빚이 아니라고 생각한다.

대학생이 되어 내 힘으로 떠난 첫 여행지는 일본 도쿄였다. 대학교 새 학기를 시작하기 전에 충동적으로 여행 계획을 세웠다. 설 연휴가 끝난 시기였는데, 엔화가 1,400원이었다. 최근 엔화를 1,000원 밑으로 살 수 있으니 꽤 비싸게 바꾼 편이었다.

첫 여행이라 모르는 부분이 많았다. 익숙한 우리나라 국적기를 이용해서인지 비행기 값만 해도 상당했다. 요즘처럼 저가 항공사가 많지 않았다고 합리화를 해보려고 해도 비쌌다. 이미 출혈이 큰 터라 여행지에서 돈을 자유롭게 쓰지 못했다. 여행지에서만큼은 이미 환전한 엔화를 부담 없이 써도 됐는데 그렇게 하지 못했다. 그때 디즈니스토어에 무척 사고 싶었던 칩앤데일 인형이 있었는데, 두 캐릭터를 모두 사는 건 비싸다고 생각해서 신중하게 고르고 골라 캐릭터 하나만 구매했다. 결국 10여 년이 지난 지금까지 그때 사지 못한 다른 캐릭터 인형이 눈에 아른거린다.

이렇게 여행지에서 악착같이 소비를 자제해 15만 원 정도 남겨 귀국했다. 남은 엔화를 원화로 재환전하려니 또 수수료를 내야 했다. 더군다나 남은 동전을 받아주는 은행이 적었다. '내가 이러려고 일본에서 허리띠를 졸라맸나?' 싶어 쓸쓸했다.

오로지 여행만을 위해
쓰는 돈

이때의 쓰디 쓴 경험으로 다음 여행부터는 똑같은 실수를 반복하지 않기로 했다. 미리 '여행 목적 통장'을 만들어 적금으로 납입하기 시작했다. 적금이 만기되면 그 돈을 마음껏 여행비용으로 쓰자는 마음이었다.

이 돈은 순수하게 여행만을 위한 돈이기 때문에 여행지에서 쓸 때 고민할 필요가 없다. 만약 그렇지 않고 여행비용을 평소 생활비에서 변동지출로 마련하면, 지난 도쿄 여행처럼 여행지에서 '이 돈을 아끼면 한국으로 돌아가서 쓸 돈이 늘어날 텐데' 하고 고민할 것이 빤했다. 여행 목적 통장으로 여행 기간 며칠만이라도 일상에서 벗어나 걱정과 고민이 늘어나는 걸 막을 수 있었다.

여행 목적 통장에 넣을 한 달 금액은 어떻게 정할까? 먼저 언제, 어디로 여행을 갈지 정해야 비용을 계산할 수 있다. 한 달에 10만 원씩 1년 동안 모으면 순수 원금은 120만 원이다. 그 돈 안에서 항공권, 숙박, 한국에서 구매 가능한 입장권, 환전까지 해결해야 한다. 이 돈은 오로지 여행비용으로 쓰는 것이다. 직접적인 여행비용이 아닌 면세점에서 구매한 것은 생활비에서 변동지출 예산을 미리 세운 후 그 안에서 소비한다.

보통 항공권을 예매하는 달에 만기가 되게 1년짜리 적금에 가입하는 편이다. 8월에 휴가를 떠난다면 6월에 항공, 숙박 등을 예약할 것이다. 따라서 5월이나 6월에 만기가 되게 적금에 가입한다. 1년 이내에 떠날 여행은 금리가 상대적으로 높은 입출금 통장을 이용해도 좋다. 적금처럼 중도 해지할 필요가 없으니 편리하다.

여행 계획의 첫 단계는
재무계획

최근 1년 주기로 유럽과 미국 여행을 다녀왔다. 주변에서 부러워하거나 돈이 많아서 좋겠다는 질투어린 얘기를 들었다. 유럽은 400만 원, 뉴욕과 캐나다는 500만 원의 경비가 발생했다. 유럽, 미국 등은 아시아 국가보다 여행 비용이 많이 든다. 여행을 가기 몇 달 전부터 돈을 모으기 시작해도 재정적 부담이 만만치 않다.

하지만 20대가 끝나기 전, 유럽과 미국은 꼭 가보고 싶었다. 돈을 벌기 시작하면서 4~5년 정도 기간을 잡고 유럽과 미국 여행 통장을 만들었다. 각 8만 원씩 1년 만기 적금에 가입하길 몇 년 동안 반복했다. 한 달 16만 원을 오로지 4~5년 뒤에 갈 여행을 위해 저축한 것이다. 저축에 목적이 생기니 중도 해지할 확률도 낮아졌다. 평소에도 허튼 곳에 소비하지 않으려 노력하게 되었다. 이 여행에서는 도쿄여행처럼 돈을 아끼느라 후회를 남기고 싶지 않았다.

적금과 별도로 비상금 통장에 월 4만 원씩 추가로 저축했다. 여행 목적 저축에만 집중하다 자칫 비상사태가 발생했을 때 어쩔 수 없이 여행 적금 통장을 중도 해지해야 하는 위험을 최소화하기 위해서였다. 다행히도 돈 모으는 동안 급전이 필요한 상황은 발생하지 않았다. 차곡차곡 모은 비상금은 별도로 목돈 저축에 넣어 자산을 불렸다.

여행용 장기저축과 함께 1년에 한 번 떠나는 휴가 자금도 따로 10만 원씩 모았다. 미리 돈을 모으니 여행 비용에 대한 부담이 많이 줄었다. 올 봄에는 다시 삿포로로 떠날 예정이다. 지난 1년간 삿포로 여행 통장을 만들어 돈을 모았고, 엔화가 떨어질 때마다 조금씩 환전하면서 준비했다. 더불어 1~2년 안에 다시 프랑스 파리에서 봄을 느끼기 위해 월 20만 원씩 저축하고 있다.

나만의
맞춤 금융상품 만들기

우리는 '저축'이라고 하면 매달 고정적으로 몇 만원 이상 모아야 할 것 같은 부담감과 막상 모이면 든든한 내 자산이 되어줄 것이란 설렘이 공존한다. 막상 저축을 시작하면 한두 달은 괜찮지만 그 이후로 한 달 한 달 유지하는 것조차 벅차다. 자신과의 약속을 깨고 싶은 마음이 한가득 생긴다.

같은 돈을 모으더라도 재미있게 만기까지 유지하는 방법은 없을까? 정기적으로 적금을 넣어 목돈 만드는 것 외에 번거롭지 않고 일상생활에서 좋은 습관도 만들며 오래 유지할 수 있는 저축을 하고 싶었다.

　이미 1년에 한 번씩 여행을 가기 위한 적금은 진행하고 있었다. 추가적으로 어떤 저축을 해볼까 고민했다. 내 생활을 되돌아보니 다이어트도 하고 건강까지 챙기고 싶은 욕구가 강했다. 하지만 의지와 달리 환절기마다 감기에 걸리는 저질체력이었다. 병원비나 약값을 아낄 수는 없다. 돈을 아끼려다 병을 키워 업무에 지장을 주어서는 안 된다. 체력을 조금씩 단련시키는 것이 더 중요했다.

DIY 저축
만드는 방법

　　　　　　　　이렇게 필요한 것이 생기니 내게 어떤 돈이 필요한지 보였다. 이를 토대로 나만의 저축 상품을 만들고 싶어졌다. 물론 시중은행에서 누적 걸음 수에 따라 우대금리를 주는 '걷기 적금' 등을 판매하고 있었지만 그 상품은 종잣돈을 모으는 걸 도와주는 것이라 당장 아플 때 의료비로 꺼내 쓰기 어려운 상품 구조였다.

　친구에게 꾸준히 걷기만 해도 체력도 증진되고 다이어트

도 된다는 이야기를 들었다. 실제로 체중도 감량했다고 한다. 반신반의하며 운동에 동참했다. 휴대전화로 걸음 수를 체크하는 어플을 활용하기로 했다. 매일 1만 2,000보 이상 걸으면 1,000원씩 입출금 통장에 '건강' 목적으로 돈을 모았다. 입출금 통장은 예전에 가입만 해놓고 방치해둔 수수료 면제 통장을 이용했다. 여기서 중요한 점은 평소 변동지출이 나가는 소비 통장이 아닌 새로운 통장을 사용하는 것이다.

아픈데 돈까지 부족하면 이중으로 스트레스를 받는다. 미리 건강을 위해 조금씩 돈을 모아두면 필요할 때 그 안에서 병원비, 약값, 운동용품비, 건강보조제 비용 등을 해결할 수 있다. 평소 사용하는 생활비와는 별도로 모은 돈이기에 생활비에도 영향을 주지 않는다.

처음에는 건강 통장으로 병원비와 약값만 충당했는데, 필라테스와 헬스도 병행하면서 은근슬쩍 운동용품과 운동복에 욕심이 생겼다. 예전에는 충동적으로 구매부터 했는데, 요즘은 운동 후 건강 통장에 1,000원씩 추가로 입금한다. 운동용품을 살 정도의 돈이 모이면 그때 구매하는 것이다. 자주 아프지 않기 때문에 조금만 노력하면 '건강' 목적으로 모을 수 있는 금액이 많았다. 최근에는 모은 돈으로 필라테스 토삭스를 구매해서 잘 신고 다닌다.

'나만의 통장'의
의미

건강 통장을 이용하면 운동하면서 건강도 챙기고 갈수록 약해지는 체력 증진에 힘쓰면서 돈도 모을 수 있다. 운동용품에 소비욕구가 많지 않아 아직까지 내 '건강 통장'의 본질은 병원비와 약값 활용으로 소비하는 또 다른 보험으로 활용하고 있다. 실비보험을 청구하기 전 의료비로 사용하는 통장이라고 생각하면 된다. 물론 아프지 않는 것이 가장 중요하겠지만!

가끔 걷기 운동을 위해 만보기 또는 운동화를 구매하는 등 먼저 소비에 집중해 주객전도 되는 경우도 종종 있다. 오히려 장비만 사놓고 막상 실천은 하지 않아 낭비물품이 될 수도 있으므로 주의해야 한다. 일단 저축부터 실천하면서 모인 돈 안에서 사고 싶은 물품 체크리스트를 작성해보는 건 어떨까?

요니나 TIP

- '건강', '경조사' 소비항목처럼 수시로 출금해야 하는 목적자금은 적금이 아닌 자유 입출금 통장에 저축하자. 정작 필요할 때 묶여 있으면 목적 저축의 취지에 어긋나기 때문이다.
- 소소한 금액을 소비 통장과 분리하기 위함이므로 금리보다는 수수료 면제 혜택에 집중하자.
- 1만 보 걷기, 필라테스 다녀오기, 야식 안 먹기 등 달성 내용에 따라 건강 통장 안에서 입금 내역을 나눌 수 있다. 인터넷, 모바일뱅킹 이체 항목 '받는 이, 보낸 이' 적는 칸을 활용하자. '걷기' '운동' '야식' 등 내역을 달리 작성하여 입금하면 한 통장 안에서도 용도를 다양하게 관리할 수 있다.

1년에 두 번,
연말정산 데이

연말이 되면 한 해를 정리하는 시간을 가진다. 1년 동안 어떻게 살았고 어떤 변화가 있었는지 객관적 자료를 통해 올해를 되돌아보고 내년을 계획한다. 마무리를 잘해야 다음 시작이 수월하기 때문이다. 재정뿐 아니라 시간관리, 꿈 목록, 건강, 독서 등 다양한 항목을 피드백하려니 연말이 꽤나 바쁘다. 한번은 12월 31일 아침부터 시작했는데 새해를 넘겨 마무리한 적도 있다.

연말 정리를 하다 보면 늘 후회가 남는다. 분명 시작할 때는 열심히 계획을 세우지만 시간이 지나면서 흐지부지된 경우가 많았다. 결과물이 없는 상태에서 새해에 또 다시 계획하는 악순환이 반복되고는 한다.

주변에 시간 관리를 잘하는 사람을 보면 계획, 행동, 행동 후 피드백의 루틴을 반복한다. 당시 나는 피드백을 중요하게 여기지 않았다. 거창한 계획을 세우는 게 우선이었다. 그러다 그 계획을 지키지 못하면 스스로 무너지고, 시간이 지나면 게으른 사람이라며 아예 그 목표에서 손을 떼고 자책했다.

이러한 몇 번의 시행착오 끝에, 시작도 중요하지만 그에 못지않게 실제 행동이나 실천에 대한 피드백이 더 중요하다는 걸 느꼈다. 피드백은 본인이 세운 계획에서 실제 실천한 부분, 결과물에 대한 칭찬과 반성, 그리고 다음 계획에 반영할 부분을 정리하는 것이다. 계획한 것에 비해 결과물이 별로 없으면 피드백하는 시간 자체가 스트레스로 다가온다. 하지만 포기하지 않고 이 과정을 반복하면 내게 맞는 속도와 내가 해낼 수 있는 양을 찾을 수 있다. 그러면 다음에는 계획 달성에 근접할 가능성이 높아진다.

피드백의 중요성을 깨달았지만 1년에 한 번씩 연말에 하는 피드백은 시간이 너무 오래 걸렸다. 12월에 1월 자료를 찾으며 잊었던 기억을 되살리는 것 또한 신경을 많이 써야 했다. 그때부터 상반기, 하반기 두 번으로 나눠 6월, 12월에 자료를 정리했다. 그러니 1년 결산을 할 때도 시간이 단축되었다. 자료가 한 장으로 담백하게 정리가 된다는 장점도 있다.

직접 하는
연말정산 방법

보통 연말정산이라고 하면 급여소득에서 원천징수한 세액과 부족액을 연말에 정산하는 것을 말한다. 이와 별개로 나만의 연말정산을 해보자.

나는 편의상 6개월을 기준으로 삼았다. 1년을 6개월 단위로 나눠 상반기, 하반기로 관리한다. 연말정산을 할 때는 단순 자산 증감을 넘어, 항목별 고정·변동지출 합계와 월평균 소비 금액까지 파악하는 것이 좋다. 이를 통해 몇 월에 어떤 특정 항목의 지출이 많았는지, 또는 평소 잔잔하다 어느 달에만 유독 지출이 과했는지 등을 확인할 수 있다. 이 과정을 통해 다음에 비슷한 상황이 생길 때 미리 대비할 수 있다. 상반기, 하반기 결산이므로 6개월 자료가 모두 있으면 더 좋지만 지출 데이터가 없을 경우 2~3개월로 시작해도 된다.

결산할 때는 가장 먼저 총수입을 계산한다. 매월 고정수입과 변동수입을 전부 합하고 6개월로 나누면 한 달 평균 소득이 나온다. 상여금, 보너스 등 특별한 변동수입이 생길 경우 합치지 말고 별도로 기록해도 괜찮다. 만약 고정 급여가 아니라 수입이 들쭉날쭉한 경우 6개월 동안 최소로 받았던 금액을 바탕으로 한 달 소비 예산을 세운다. 즉, 수입이 적을 때를 대비하는 것이다. 만약 일시적으로 수입이 평소보다 많아졌다면 남은 돈은 미리 비상금 통장에 넣어두면서 갑자기 수입이 적어졌을 때를 준비한다.

두 번째 단계에서는 본인이 설정한 고정, 변동 소비항목의 6개월 합계와 평균을 계산한다. 이때 지출 항목을 나누지 않고 모든 지출을 뭉쳐 고정 및 변동지출 두 항목으로 만들면 피드백하는 의미가 줄어든다.

예를 들어 고정지출 110만 원이라고 뭉뚱그리는 것과 교통비 50만 원, 통신비 20만 원, 경조사비 40만 원 등으로 항목을 나누는 것은 자료 활용도에 있어 차이가 분명하기 때문이다. 간혹 변동지출도 생활비로 모든 항목을 포함하는데, 그러지 말고 식비, 미용비, 의복비 등 세부적으로 항목을 나눠 정리하자. 우리가 시간을 들여 결산하는 이유는, 만든 자료를 가지고 다음 6개월 예산을 세울 때 반영하고 참고하기 위함이다.

세 번째, 총합계와 월평균을 낸 자료 옆에 한 줄 피드백을 적어보자. 어디에 돈을 썼는지 파악하면 일시적 지출인지 주기적으로 지출인지 확인할 수 있다.

정리하면서 6개월간 소비했던 것이 기억나지 않는다면 월 결산 피드백을 참고하면 된다. 예를 들어 6개월 동안 변동지출 문화생활 항목의 총 합계가 14만 원 정도 나왔다고 하자. 그동안 문화생활 지출은 영화 관람밖에 없는 줄 알았는데, 예상보다 지출 금액이 컸다. 생각이 나지 않아 1~6월 결산을 보니 4월에 친구들과 우정사진을 찍는 비용이 있었다. 이는 일시적 소비라 하반기 문화생활 소비에는 영향을 주지 않을 것이다. 사진 촬영 이벤트 소비 8만 원을 제외하면 6만 원이 순수한 문화생활 비용이었다. 이를 확인하면, 평소 월 10만 원으로 잡아 늘 남았던 문화생활 항목 예산을 다음 6개월에는 2~3만 원으로 낮출 수 있다. 자료를 정리했을 뿐인데 불필요한 소비를 확인하고 줄일 수 있는 방법을 찾을 수 있는 것이다.

마지막으로 이처럼 정리해놓은 자료를 바탕으로 다음 6개월을 어떻게 소비해야 할지 계획을 세우고 예산 규모를 확인한다.

이렇게 상·하반기를 각각 객관적 자료와 주관적 피드백으로 한 번 정리해놓으면 연말 결산을 할 때는 시간이 훨씬 단축된다. 다음은 월 소득 250만 원의 사회초년생이 작성한 6개월 정산 표다. 이 표를 참고해 매년 찾아오는 연말정산, 세금 환급에만 집중하지 말고 직접 자신의 자산 현황 데이터를 만들어보면서 한 해를 정리해보자.

	대분류	총 합계	한 달 평균	피드백	하반기 계획
총수입	고정수입	12,085,650원	2,014,275원	고정수입을 조금 더 늘릴 수 있도록 부지런히 자기계발을 하면서 꼼꼼하게 입금 체크하는 습관을 가질 필요가 있다. 변동 수입은 공돈이라고 생각하지 말기!	
	변동수입	2,921,958원	486,993원		
	합계	15,007,608원	2,501,268원		
총지출	고정지출				
	교통	528,750원	88,125원	정기권 1번 잃어버림. 부주의 조심!	최대한 정기권 이용하기. 귀찮다고 버스 이용하지 말자.
	통신	204,080원	34,013원	5월 이후 선택약정 25% 할인.	휴대전화 구입할 때 단말기 완납으로 선택약정 유지하기.
	금융	10,800,000원	900,000원	저축 한 번 못 넣은 거 아쉽다.	금리 낮은 통장에 있는 돈은 저축 통장으로.
	경조사	1,133,031원	188,838원	1월 부모님 1년 치 용돈, 설날, 5월 경조사.	추석, 부모님 생신 등 대비 8월부터 15만 원씩 넣기.
	건강	38,200원	6,366원	1~2월 두드러기, 간수치, 4월 환절기 감기	아프지 말자! 8월부터 5,000원씩 넣기.
	쏜다	74,400원	12,400원	1월 멘토링, 6월 친구 만남.	8월부터 1만 원씩 넣기.
	합계	12,778,461원	2,129,744원		
	변동지출				
	식비	781,273원	130,212원	5~6월 음료 소비가 잦음.	식비 예산 15만 원으로 낮춰보기!
	미용	88,266원	14,711원	4월 면세점, 6월 화장품 할인(기초+색조 구매).	2만 원으로 예비비 잡기(풋필링 구매).
	의복	0원	0원	4월 봄옷(백화점 상품권 10만 원 사용).	예비비 3만 원 설정.

	생활용품	43,849원	7,308원	5~6월 문구류 소비 및 IT용품 일시적 증가	휴대전화 액세서리 구매로 증가 예상 – 8월 3만 원씩.
	문화	139,951원	23,325원	우정사진(8만 원), 영화 값.	문화생활 생각보다 안 함. 3만 원으로 낮추기
	회비	32,000원	5,333원	소셜커머스 회원권, 오프라인 모임 회비.	회비 1만 원.
	저축	519,000원	86,500원	무지출+운동.	9만 원 예산 잡기.
	교육	69,330원	11,555원	자격증(A) 접수 및 모임회비, 스터디룸&카페.	자격증 접수 이제 NO! 모임회비 현황 보고 유동적.
	클래스	32,850원	5,475원	카페 상품권 구매.	항목 없애기.
	디지털 노마드	67,700원	11,283원	오피스 보증금(3만 원), 음료 상품권.	상품권 핫딜 구매 (음료 : 3만 원으로 잡기).
	합계	1,774,219원	295,703원	총 수입에서 총 지출을 제외하니 한 달에 10만 원 정도 잉여자금이 남는 걸 보고 충격 받았다. 물론 저축 금액 비중이 높긴 하지만 이렇게 정리를 안 했으면 점검이 안 되었을 것이다. 상반기를 정리하니까 하반기 예산 세울 때 가이드라인을 조금씩 수정할 수 있게 되었다. 작년에 비해 수입이 많이 올랐지만 예상치 못한 건강 항목에서 소비가 아쉽다. 내년 연봉 협상을 위해 자기계발에 힘쓰고 지출은 감소할 수 있도록 노력해보자!	
	총합계	14,552,680원	2,425,447원		
총수입-총 지출 (저축도 지출에 포함)		454,928원	75,821원		

* 《2019 요니나의 두 번 시작하는 가계부》 양식 참조.

chapter 3.

누구도 가르쳐주지 않는
사회초년생 금융공부

고수는
금융회사를 쇼핑한다

세상에는 정말 금융상품이 다양하다. 입출금이 자유로운 통장, 저축(예·적금), CMA 통장, 카드(체크, 신용), 투자(주식, 펀드), 보험, 대출 등. 평소 잘 활용하고 있는 금융상품도 있을 것이고 이름만 들어본 상품도 있을 것이다.

때마다 가입해야 하는 상품이 있다고 말하는 사람들도 많다. 그런데 사실 20대라면 가입해야 하는 상품, 사회초년생, 신혼부부가 되었다고 꼭 가입해야 할 상품이란 존재하지 않는다. 이것저것 남들이 좋다는 말을 믿고 가입한 상품 중 정말 필요하고 중요한 상품은 얼마나 있을까? 직업 특성상 많은 사람들의 재정 상태를 들여다보면 '대체 이걸 왜 가입했어요?'라는 말이 저절로 나올 정도였다.

20대 중반인 어떤 친구는 만 18세부터 만 30세까지 200만원 한도 안에서 연 1.5% 금리를 주는 수시 입출금 통장을 사용하고 있었다. 적금 월 5만 원 이상 자동이체 또는 계좌에 연결되어 있는 카드를 한 달에 한 번만 쓰면 수수료 면제 혜택까지 있었다. 이 통장을 대학생 때 가입했는데 어떤 혜택이 있는지 몰라 제대로 활용하지 못했다.

그러다 취업 후 적금에 가입하기 위해 오랜만에 은행을 방문했더니 직장인이면 직장인 우대통장으로 바꿔주겠다는 얘기를 들었다. 수수료를 면제해준다는 말에 솔깃해 직장인 우대통장으로 바꿨다. 직원이 추천해준 통장 금리는 5,000만 원 미만까지 연 0.1%였다. 이자가 없는 것과 같았다. 기존 통장은 조금만 신경 쓰면 수수료 면제는 물론이고 더 높은 이자를 받을 수 있는 상품이었는데 말이다.

그는 동일한 기간에 200만 원을 넣고 받은 이자 차이가 크다는 것을 직접 확인했다. 다음 날 통장을 바꿔준 은행원에게 다시 변경 요청을 했더니 이유를 물으며 바꿔주지 않으려고 했다. 변경하니 오히려 혜택이 줄었다고 꼼꼼하게 말하니까 그제서야 바꿔주었다고 했다.

금융회사는 회사의 이익을 먼저 추구하는 곳이다. 마케팅을 하는 것이 나쁘다는 뜻이 아니다. 다만 그 상품이 필요하지 않은 고객에게 '추천'하여 가입을 권유하는 게 문제다. 그리고 선택에 따른 결과는 전부 고객 책임이라는 것!

당신을 유혹하는
금융회사의 비밀

잘 모를 땐 전문가 의견을 수용하는 게 더 낫다고 생각할 수도 있다. 어릴 때부터 금융회사에 대한 간접 경험이 많으면 좋겠지만 그렇지 않은 사람이 더 많다. 심지어 학교에서도 실생활 금융을 배우지 않아 많은 사람에게 금융회사는 낯선 곳이다.

처음 혼자서 은행에 갔을 때 잔뜩 긴장했던 기억이 난다. 행여나 직원이 질문할까 봐 조마조마했다. 나에게 은행은 가까운 곳에 있었지만 쉽게 다가갈 수 없는 곳이기도 했다.

학교가 끝나고 하루에 한 번씩 은행에 들러 통장을 정리하면서 분위기에 적응해보려고 노력했다. 얼굴 도장을 자주 찍으니 은행원과 마주할 기회가 많았다. 처음엔 뭐가 뭔지 몰라 은행원이 추천하는 적금이나 체크카드, 신용카드에 가입했다. 그때는 잘 몰라서 다수의 사람들이 선택하는 것을 따르면 손해는 보지 않겠다고 생각했다.

하지만 몇 번 가입과 해지를 반복하고 나니 은행원이 권유하는 상품은 나를 위한 것이 아니라 회사에서 밀고 있는 상품인 것을 알게 되었다. '20대 대학생', '여자들이 좋아하는' 같은 수식 문구로 상품 가입을 유도하지만 정작 내가 그 카드로 소비하거나 저축하면서 얻은 건 거의 없었다.

오히려 내 소비 패턴에 맞는 상품은 사람들이 거의 찾지 않아 은행원이 "이걸 굳이 왜 쓰세요?"라고 되묻기도 했다. 내게 맞는 상품은 분명 따로 있었다. 진짜 내게 필요한 금융 상품을 고르는 법을 알아야겠다는 생각이 들었다.

첫 단계는
나를 돌아보는 것

보통 가계부를 3개월 정도 써보면 소비 항목당 평균 금액과 사용처(브랜드명) 데이터가 쌓인다. 이 자료를 바탕으로 혜택을 최대한 받을 수 있는 카드를 찾으면 날 위한 금융상품을 고를 수 있다.

나는 주로 커피전문점은 스타벅스와 커피빈, 영화는 CGV, 서점은 알라딘 등 좋아하는 브랜드가 정해져 있다. 주로 소비하는 브랜드 위주로 혜택이 큰 카드를 골랐다. 아무리 20대, 대학생, 직장인이라는 타이틀이 붙은 상품일지라도 내 소비패턴에 맞지 않으면 좋은 상품이 아니다.

통장이나 저축상품을 선택할 때도 현재 자신의 상황에 가장 알맞은 상품이 있는지 찾아봐야 한다. 금융회사마다 20~30대 고객은 수수료 면제 또는 우대 금리 혜택이 있는 입출금 통장이 있다. 각각 특징과 조건을 따져보고 사용 목적에 맞게 선택하자. 저축 또한 내가 생각하는 주거래은행 상품뿐만 아니라 금리와 세금을 확인하며 실제 받을 수 있는 이자가 높은 상품에 유동적으로 가입하고 활용하는 게 좋다.

상품을 선택할 때 전문가 의견은 조언 정도로 여기고 한 번 더 생각해보자. 당장 그 자리에서 가입할 필요는 절대 없으니 조급해하지 말자.

요니나 TIP

▶ 자유 입출금 통장 고르는 법

1. 대부분의 은행에는 청년을 위한 상품이 있다. 현재 거래하고 있는 은행의 상품 중 최소 만 18세부터 최대 만 35세까지 나이 조건에 맞으면 혜택을 이용할 수 있는 상품이 있는지 확인해보자.

   예) 2019년 기준 – 국민 스타트통장(연 1%, 만 35세 이하, 100만 원 이내), 신한 주거래 S20통장(연 1.5%, 만 30세 이하, 200만 원 이내)

2. 대부분 쉽게 충족할 수 있는 조건으로 한정된 금액에 대한 우대금리와 수수료 면제를 동시에 받을 수 있다.

   예) 해당 은행 카드(체크, 신용) 월 1회 결제 실적, 적립식 상품(적금, 신탁, 투자신탁 등) 자동이체 합계 금액이 월 5만 원 이상인 경우 등.

▶ 예·적금 통장 고르는 법

1. 적금의 경우 납입 금액이 클수록 금리보다는 세후 이자를 비교해야 한다.

   예) 제1금융권, 저축은행 적금 연 3%보다 협동조합 연 2.6%가 실제 받는 이자는 더 많다.

2. 저축은 돈을 불리기보다는 흩어져 있는 돈을 모으는 도구다. 자유 적금일 경우 높은 금리보다 중요한 것은 납입금액을 늘리는 것이다. 납입금액을 1,000원씩이라도 더 넣어 원금을

늘리는 것이 중요하다.

3. 다른 조건이 비슷하다면 금리가 높은 상품이 낫다(단, 까다로 운 조건이 붙는다면 고민해보자).

4. 엄청난 금리 차이가 아니면 3년보다는 1년 단위로 3년을 모 으는 게 중도 해지 비율이 낮다.

▶ 카드 고르는 법

1. 길게 1년, 짧게 3개월 소비내역 및 항목을 바탕으로 많이 소 비하는 부분에 대한 카드 혜택을 찾자.
   예) 교통, 통신, 식비 세 가지 항목에서 한 달에 약 30만 원을 소비하는데, 이 세 항목에 캐시백 혜택이 있는 카드를 써서 약 2만 7,000원 정도를 할인받았다.

2. 카드 추천 어플을 이용하자. 수많은 카드 중 내게 맞는 카 드 찾기가 쉽지 않다. 뱅크샐러드 홈페이지(http://banksalad. com)를 이용해보자. '카드' 카테고리에서 소비 자료를 입력하 면 혜택 금액이 많은 순으로 리스트가 만들어진다. 이 자료 를 바탕으로 자신에게 맞는 카드를 고른다.

3. 한 번 정한 카드는 평생 사용하는 카드가 절대 아니다. 지속 적으로 월 결산을 확인하면서 소비 패턴이 달라지면 다른 카 드로 갈아타야 한다.

▶ 보험 고르는 법

1. 보험은 소비다. 돈을 모으려면 예·적금, 주식, 펀드 같은 상품 으로 접근하자. 보험은 사업비를 떼기 때문에 이익을 내려면

수익률이 월등히 높아야 한다.

2. 복리, 비과세 등의 매력보다 장기로 돈이 묶이면서 발생하는 문제점이 더 크다.

▶ 투자상품 고르는 법

1. 준비 없이 바로 주식 투자를 하는 것은 위험하다. 성향에 따라 각자 예·적금으로 모을 수 있는 종잣돈 기준을 정하고, 그 돈을 모으는 동안 경제를 공부하자.

2. 직원이 펀드를 추천하면 우선 펀드 상품부터 공부해보자. 사고팔았을 때 수수료까지 계산해보고, 다음 약정기간까지 꿋꿋하게 납입을 할 수 있다면 가입하자. 펀드는 펀드매니저가 운용하기 때문에 운용비 명목으로 수수료가 발생한다는 점도 고려해야 한다.

3. 주식 투자를 한다면 사고파는 기준을 정하자. 나는 5% 이상 수익이 나면 절반 정도 매도, 10% 이상 손실이 나면 보유 주식 수의 두 배 정도를 추가 매수한다.

주거래은행,
의심하고 또 의심하라

"주거래은행 어디 쓰세요?"

"여기 은행은 주거래로 삼기 괜찮은가요?"

"타 은행에서 괜찮은 상품이 나와도 주거래은행이 아니라 가입하기 망설여져요."

내 이름으로 된 통장과 카드를 직접 발급받고 은행을 로드샵 방문하듯 들락날락거리기 시작할 때 나만의 은행을 정하고 싶었다. 야구 경기를 볼 때 특정 팀을 응원하는 것처럼 금융회사도 한곳을 정해 거래하는 게 좋다고 생각했다. 재테크 책, 방송매체에도 꾸준히 등장하는 주거래은행. 나 역시 흔히 말하는 주거래은행이 존재했다.

대학에 입학하면서 개설한 입출금 통장을 시작으로 체크카드, 적금, 예금 등 적은 돈이었지만 꾸준히 금융상품에 가입하면서 거래를 이어간 A은행이 있었다. 그런데 대학생 때 첫 해외여행에 필요한 돈을 환전하기 위해 방문했는데 고객 등급이 높지 않아 환전 우대금리 혜택을 받을 수 없다고 했다.

어릴 때 가입해서 스무 살이 된 이후 본격적인 금융활동을 이곳 상품으로 시작해 당연히 주거래은행이라고 여겼지만 정작 은행 입장에서 나는 우수고객이 아니었다.

오래 거래하면 우수고객이 되는 줄 알았다. 하지만 금융회사에서는 기간보다는 회사에 이익을 주는 상품(대출, 신용카드 등) 비중이 높거나 자산 규모가 월등히 많은 고객을 좋아한다.

당시 나에게 주거래은행은 말 그대로 주로 거래하는 은행일 뿐 그 이상, 그 이하도 아니었다. 오히려 처음 거래하거나 진행하고 있는 이벤트를 잘 활용하면 다른 금융회사를 함께 이용하는 게 훨씬 유리할 때가 많았다. 뒤통수를 맞은 느낌이라 한동안 그 은행을 쳐다보지도 않았다.

주거래보다는
혜택에 따라 선택하라

객관적으로 볼 때 현재 내 자산 상태로는 은행 한곳만 거래한다고 주거래은행의 혜택을 받을 수 없다. 지금은 여러 금융회사에 다양한 금융상품을 경험하는 것이 나을 때다. 나중에 자산이 어느 정도 쌓였을 때 나를 대우해줄 주거래은행을 찾는 것이 낫다는 생각이 든다. 취업 면접을 볼 때 회사뿐 아니라 지원자 역시 이 회사가 나와 맞는지 판단하는 것처럼 말이다.

예전에는 지금처럼 통장 개설이 어렵지 않았기 때문에 특판 예·적금이나 혜택이 괜찮은 카드, 금리가 상대적으로 높은 입출금 통장 등 내게 필요한 상품을 만들며 거래 금융회사를 늘려갔다. 한 은행에 집중하지 않고 혜택이 많은 상품이 있으면 가입했다. 나에게 유리한 상품만 거래한 것이다.

주로 거래하는 은행의 금융상품 금리가 연 2%인데 다른 곳에서 연 3%의 특판 상품을 판매하면 망설이지 않고 3%를 택한다. 금리가 비슷하다면 가입했을 때 받을 수 있는 사은품, 참여 가능한 이벤트가 많은 쪽으로 고른다.

이렇게 여러 해 동안 금융상품을 정리했고, 앞으로도 지속적으로 관리할 예정이다. 참고로 현재 내가 거래하는 금융회사를 소개하고자 한다. 오로지 나에게 맞는 것만 선택한 결과이니 맹신하지 말고 참고자료로만 생각하자.

내 마음속에 있는 주거래은행은 어릴 때부터 이용해온 국민은행이다. 고정지출을 자동이체하는 통장은 산업은행 상품이다. 주로 사용하는 체크카드는 SC제일은행, 두 번째로 잘 쓰는 체크카드는 케이뱅크다. 신용카드는 KEB하나카드, 주택청약통장은 우리은행, 환전은 신한은행, 예·적금은 새마을금고를 이용한다. 비상금은 금리가 상대적으로 높은 증권사(하나금융투자, SK증권, 미래에셋대우) CMA 통장과 제1금융권의 여러 은행에서 자유 입출금 통장을 유동적으로 활용하고 있다. 주식 거래는 한국투자증권을 이용한다.

수많은
금융상품 관리 방법

내가 여러 금융회사를 이용한다고 하면 '관리하기 힘들지 않아요?'라는 질문을 늘 받는다. 통장 개수는 많아 보여도 직접 해보면 노하우가 생겨 생각보다 힘들지 않다.

금리가 상대적으로 높거나 수수료 면제가 쉬운 입출금 통장은 가입 및 유지할 수 있는 나이와 거래 기간, 금액 제한이 있어 그것만 신경 쓰면 된다. 예·적금 역시 만기 날짜만 체크하면 된다. 요즘은 만기일에 자동 해지 후 계좌로 돈이 들어오고 문자나 알림 메시지로 알려줘 관리하기 편리하다.

즉, 수입이 들어오는 통장과 신용·체크카드가 연결되어 있는 계좌만 가계부를 쓸 때 확인하면 된다. 해당 금융회사 홈페이지나 어플로 확인 가능하고, 모든 계좌를 한눈에 볼 수 있는 '뱅크샐러드'나 '브로콜리' 어플을 이용하면 시간을 절약할 수 있다.

한 금융회사가 운영하는 SNS에서 "주거래은행 고객 등급은 보통 3~6개월마다 변경된다"는 글을 봤다. 나중에 자산이 많아져 진짜 주거래은행의 고객 혜택이 필요하면 각 금융회사가 제시하는 조건에 맞춰 6개월 전에 준비하면 될 것이다. 지금이라도 늦지 않았으니 여러 금융회사를 잘 활용하는 똑똑한 소비자가 되자.

요니나 TIP

▶ 금융자산 한 눈에 확인하기

여러 금융회사를 거래해도 모든 금융거래를 한번에 조회할 수 있는 어플을 사용하면 편하게 관리할 수 있다. 브로콜리, 뱅크샐러드 어플에서 공인인증서를 등록하면 현재 거래하고 있는 금융회사의 계좌 내역 및 금액은 물론 계좌번호까지 확인할 수 있다. 어플마다 지원되는 금융회사가 조금씩 차이가 나니 확인 후 사용하자. 아직 등록되지 않는 금융회사는 지속적으로 업데이트할 예정이라고 한다.

저축만으로는
부자가 될 수 없다고?

종잣돈을 모으기 위해서는 어떤 금융상품을 이용해야 할까? 흔히 저축과 투자를 떠올린다. 먼저 저축과 투자에 대한 차이점과 장·단점을 명확하게 알아야 한다. 단순하게 '저축은 금리가 낮으니까 투자가 저축보다 낫겠지!'라는 생각은 정말 위험하다. 반대로 투자는 위험하니까 저축만 해야 한다고 생각하는 것 역시 편견일 수 있다. 시기와 목적에 따라 방법을 달리 운영하는 것이 좋다.

저축은 은행별로 1인당 5,000만 원까지 예금자보호를 받으며 안전하게 종잣돈을 모을 수 있는 도구다. 저축은 크게 적금과 예금으로 나뉜다.

먼저 적금에 대해 알아보자. 적금은 정기적금과 자유적금으로 나눌 수 있다. 정기적금은 매달 본인이 정한 날짜에 본인이 정한 금액을 저축하는 것이다. 자유적금은 만기일만 정해놓고 납입금액과 날짜를 자유롭게 이용한다.

사실 적금은 아무리 금리가 높아도 세금을 떼고 나면 실제 받는 이자가 현저히 적다. 금리 계산 방식이 정기예금과 다르기 때문이다. 가입할 때 목돈을 넣고 만기일까지 금액을 유지해 온전히 이자를 받을 수 있는 정기예금과 달리, 적금은 기간에 따라 이자를 차등 계산해 지급한다.

연 3% 적금 상품에 1년 동안 일정한 금액을 납입한 경우를 살펴보자. 처음 1회 때 납입한 금액은 12개월 동안 은행에 예치되므로 3% 이자를 다 받을 수 있다. 하지만 마지막 12회(만기가 한 달 정도 남은 시점)에 납입한 금액은 은행에 1개월만 예치되므로 3%의 12분의 1인 0.25%의 이자만 받는다. 이렇게 납입 회차별 금액에 각각의 이자율을 곱한 것이 적금 1년 이자다. 계산해보면 대략 연 1.62%로 예금 금리와 비슷하다.

그럼에도 꾸준히 적금 상품을 이용하는 이유는 다른 상

품에 비해 흩어진 푼돈, 공돈 등을 뭉쳐 목돈으로 만드는 가장 좋은 도구이기 때문이다. 물론 자유 입출금 통장을 활용할 수도 있지만, 적금과 달리 강제성이 없어 지속하기가 쉽지 않다. 스스로 자제력이 약하다고 생각한다면 해지하지 않는 이상 만기까지 유지할 수 있는 적금을 선택하는 것이 낫다. 또한 예치기간 동안 입출금 통장에서 받는 이자는 일반과세 적용을 받지만, 저축 상품에서 받는 이자는 금융회사에 따라 저율과세 혜택을 받을 수도 있다. 이렇게 적금으로 어느 정도 모은 금액은 1년 정기예금 등의 상품으로 관리하는 목돈 굴리기 단계로 넘어가면서 종잣돈을 늘린다.

느리지만 안전하길
원한다면 저축파

저축은 투자와 달리 원금 손실이 나지 않아 상대적으로 안전성이 높다. 한때 투자(주식, 펀드) 수익이 저축 이자보다 높다고 홍보하며, 낮은 금리의 저축을 계속하는 것은 손해라는 인식도 있었다. 하지만 수익률에 혹해 무턱대고 투자 상품에 가입하는 것이 손해일 수도 있다. 오히려 처음 재테크를 시작하는 사람이라면 조금 느리더라도 저축으로 차곡차곡 기반을 쌓는 것이 좋다.

나는 용돈 30만 원을 받던 스무 살 때 월 5만 원짜리 1년 만기 정기적금으로 첫 저축을 시작했다. 10년이 지난 지금도 적금에만 월 175만 원을 넣고 있다. 학생 때는 아르바이트도 하지 않았고 본격적으로 수입이 생긴 시기도 친구들보다 조금 늦었다. 그래서 매달 5만 원씩 납입하는 것도 부담스러웠다. 하지만 1년 동안 꾸준히 납입한 적금이 만기가 되어 만기금액을 찾았을 때의 기쁨이 아직도 생생하다. 그때의 기쁨이 지금까지 재테크에 관심을 가지고 실행하는 원동력이 됐다.

1~2년 안에 반드시 써야 할 필수 소비를 모으기 위한 자금 또한 원금이 보장되는 저축으로 시작하는 게 좋다. 유학이나 결혼 준비 등 기간 안에 반드시 해야 하는 소비가 있다면 더더욱 그렇다. 제대로 준비가 안 된 상태에서 조금 더 많은 수익을 얻기 위해 단기간 투자에 도전했다가 실패하면 아예 유학이나 결혼을 미루거나 포기해야 할지도 모른다. 아니면 대출을 받아 이자까지 지불하는 마이너스 생활을 하게 될 수도 있다.

꿈을 이루기 위한 이벤트를 수익이 날지 안 날지 불확실한 단기간 투자로 관리하는 것은 위험하다. 투자란 수익만 날 수 없기 때문에 위험 관리도 함께 해줘야 한다. 위험을 관리하는 가장 일반적인 수단이 저축이다.

저축의 또 다른 장점은 투자를 시작할 때 심리적인 안정을 준다는 것이다. 저축으로 모은 종잣돈 중 일부만 투자를 하고 있다. 종잣돈의 대부분은 저축으로 묶어놓았다. 당장 소비해야 하는 자금은 저축 상품으로 관리하니 주식으로 손해가 나더라도 조급한 마음이 적다. 만약 투자에 사용한 돈이 내년에 당장 필요한 자금이라면 하루하루가 불안할 것이다.

준비가 됐다면
투자를 시작해도 좋다

놀랍게도 나의 재테크 메이트는 저축을 한 번도 해보지 않았다고 한다. 오로지 주식투자로 종잣돈을 모았다고 한다. 저축으로 종잣돈을 모은 내겐 신세계를 접한 충격이었다.

그는 기업과 경제 상황을 보며 수익, 손절 기준을 명확히 정해놓고 자신의 원칙에 따라 중·단기 투자를 한다. 출근할 때는 휴대전화로 경제 신문이나 책을 읽고, 회사에서는 거래하는 종목에 미리 가격 알람을 걸어놓은 후 알람이 울릴 때만 잠깐 확인하면서 업무에 집중한다. 퇴근할 때는 유난히 올랐거나 내렸던 주식 종목을 점검하며 피드백한다. 옆에서 이런 모습을 계속 보니 '주식은 절대 안 해!'라는 생각이 '나도 한 번 해볼 수 있겠는걸?'로 바뀌었다. 조금씩 주식 투자에 마음의 문을 열게 된 것이다.

투자는 언제부터 해야 할까? 개인의 성향, 상황, 종잣돈의 크기에 따라 다르므로 정답은 없다. 하지만 일반적으로 마음의 준비가 되고, 재정적으로도 투자를 시작해도 괜찮겠다는 생각이 들 때 시작해야 한다. 준비가 되지 않은 상태에서 다른 사람의 권유로 시작하는 것은 위험하다.

운동을 할 때도 준비 운동이 필요하듯이 투자도 마찬가지다. 저축으로 종잣돈을 모으면서 투자를 준비하면 좋다. 나 역시 저축을 하는 동안 틈틈이 경제 신문을 보고 경제 팟캐스트를 들으면서 주식 투자를 하기 전에 준비 운동을 했다.

그리고 어느 정도 목돈이 만들어진 후부터 전체 자산에서 10% 정도를 주식에 투자하고 있다. 흔히 젊을 때는 공격적 투자를, 나이가 들수록 안정적인 투자를 권하지만 나는 안정적인 내 투자 성향을 유지하려고 한다.

처음부터 내가 정한 10%를 모두 넣지 않고 조금씩 투자금을 늘렸고 현재는 10%를 유지하고 있다. 만약 자산이 증가하면 주식 투자금도 늘려 10%를 계속 유지할 생각이다.

내 돈을 넣는 상품이
무엇인지 이해하라

흔히 투자라고 하면 직접 주식을 사고팔거나 간접투자인 펀드를 떠올린다. 대개 주식 투자란 주식회사가 발행한 증권을 내가 직접 사고파는 것을 말하며, 펀드는 나 대신 펀드매니저가 펀드 종류에 따라 주식 또는 채권이나 금 등 다양한 상품에 투자하는 것을 말한다. 펀드는 비싸서 살 수 없는 주식도 적은 돈으로 살 수 있다는 장점이 있지만, 직접 투자와 달리 별도로 운용 수수료가 발생한다. 적금처럼 납입 약정 기간이 있어 중간에 해지할 경우 해지 수수료가 발생할 수도 있다. 따라서 자신의 성향에 맞는 투자법을 선택해야 한다.

나는 펀드보다는 직접 투자를 선호한다. 펀드에 대한 안 좋은 기억이 있기 때문이다. 펀드 투자 상담사 자격증을 준비하던 20대 중반에 펀드라는 상품 자체를 알아야겠다고 생각했다.

책에 나온 이론도 중요하지만 직접 펀드 투자를 해보면 느끼는 바가 다를 거라고 주변에서도 권유했다. 당시만 해도 명확한 내 기준이 없었기에 다른 사람들 말에 많이 좌지우지 되는 편이었다. 펀드가 어떤 원리로 굴러가는지도 모른 채 묻고 따지지도 않고 전문가가 추천해준 주식형, 채권형, 혼합형 펀드를 각각 가입해 월 5만 원씩 납입했다.

3년 정도 가입하면 코스트에버리지 효과(주가가 높을 때는 적은 수의 주식을 매입하고 주가가 낮을 때는 많은 수의 주식을 구매해 1주당 평균 매입 단가가 낮아지는 효과)가 나타난다. 주식 평균 매입 단가가 내려가면 손실폭을 줄일 수 있고, 이후 주가가 상승했을 때는 더 큰 이득을 볼 수도 있다. 적립식 펀드는 코스트에버리지 원리를 이용해 일정 금액을 장기간 소액 투자하는 것이다. 약정 기간이 끝나면 바로 매도해 이득을 얻을 수도 있고, 좀 더 투자 기간을 늘려 투자를 이어갈 수도 있다.

하지만 주식은 바닥이 어디까지인지 모른다. 코스트에버리지 효과를 믿고 계속 매수만 하다가는 자칫 목돈이 물릴 수 있다. 내가 가입한 펀드는 상승보다 하락할 때가 많았다. 1년 동안은 2~3% 수익률을 올렸다. 그 이후 주식시장이 안 좋아졌고 주가 하락으로 −11%까지 떨어지는 펀드도 있었다.

월 5만 원씩이었지만 20대 중반인 내게는 큰돈이었다. 납입 약정 기간이 끝났을 때는 원금 손해를 안은 채 돈을 뺄 수도 없고, '여기서 더 떨이지면 어떡하지?'라는 두려움에 추가로 돈을 넣을 수도 없었다. 이러지도 저러지도 못하고 '차라리 저축을 했으면 마이너스는 아닐 텐데' 하는 아쉬움이 생겼다. 결국 2년 정도 방치해두고 3년이 되었을 때 조금씩 주식 시장이 회복하면서 수익률이 5% 정도로 회복되었다. 이때 미련 없이 펀드를 정리했다.

펀드는 내가 아니라 펀드매니저가 운영한다. 그래서 운용비로 선취 또는 후취 수수료를 줘야 한다. 이 금액도 상당했다. 심지어 수익률이 마이너스가 되어도 수수료는 뗀다. 결과적으로 내가 얻은 수익은 저축 3년 이자보다 적거나 비슷했다. 마이너스 수익률을 보면서 받은 스트레스까지 포함하면 내겐 손해에 가깝다.

세상 보는 눈을 바꿔준
주식 투자

이렇게 펀드와 작별 인사를 하고 20대 후반이 되어서 주식 투자를 시작했다. 그사이 준비 운동을 충분했기 때문에 일희일비하지 않을 수 있었다. 주식 투자를 하다 보면 전 세계에 수많은 기업이 있다는 걸 몸소 배운다. 나름 실생활에서 다양한 기업을 접했다고 생각했는데 내가 알고 있는 기업은 극히 일부였다.

처음에 어떤 회사 주식을 사야 하나 고민했을 때는 내가 주로 물건을 구매하거나 서비스를 이용하는 기업 위주로 찾아봤다. 하지만 이런 곳은 대부분 대기업이었기 때문에 1주당 가격이 적지 않았다.

내가 갖고 있는 돈으로 살 수 있는 주식은 한정적이었다. 그래서 조금 더 세부적으로 관련된 기업을 찾기 시작했다. 예를 들어 내가 가진 휴대전화에 관련된 회사를 찾아보면, 삼성전자뿐만 아니라 휴대전화에 들어가는 카메라, 반도체, 소프트웨어 등을 만드는 수많은 회사가 있다. 이렇게 범위를 넓혀가면서 새로운 기업을 자연스레 많이 알게 되었다.

생활도 변하기 시작했다. 예전에는 포털사이트 실시간 검색어에서 단편적인 것만 봤다. 하지만 투자를 공부하면서부터 바로 보이는 뉴스보다 그 기업의 주가를 찾아보는 습관이 생겼다.

예를 들어 한 엔터테인먼트 대표에 대한 이슈가 실시간 검색어에 뜨면 예전에는 연예 뉴스만 보고 끝났을 것이다. 이제는 해당 엔터테인먼트의 주식을 찾아본다. 회사 대표의 이슈로 인해 주가가 떨어져 있었고, 그때 주식을 소량 샀다. 그리고 며칠 뒤에 수익을 내고 팔았다.

사회 이슈 외에도 새로운 게임이나 드라마, 영화 중 재미있을 것 같은 작품은 시작하기 전 관련 업체를 알아본다. 주식은 단기보다 장기 투자로 접근하고 저축은 중·단기 그리고 중요한 자금을 마련하는 도구로 활용하고 있다.

1% 금리에
목숨 걸지 말자

스무 살 때 돈을 모아야겠다고 생각해 대학교 학생증과 연계된 은행에서 적금을 처음 가입했다. 사실 학생증 체크카드는 입학할 때 만들어야 하는 분위기였고 항상 가지고 다녔기에 현금 대신 사용했던 주된 결제수단이었다. 하지만 혜택이라고 눈 씻고 찾아봐도 없었다. 적금에 가입하려 했을 때도 저축 금리에 대한 개념이 없던 시절이라 당시 많이 거래했던 그 은행으로 향했다. 하다못해 적금에 가입할 때는 우대금리가 있는 줄 알았지만 전혀 해당사항이 없었다.

그때는 지금보다 고금리여서 1년 적금 금리가 연 5%였다. 30만 원 용돈에서 매달 5만 원씩 없는 돈이라 생각하고 저축했다. 은행에 저축하면 넣었던 돈에 대한 100% 이자가 아닌 일정 세금(일반과세 15.4%)을 제외하고 받는다는 것도 처음 그때 알았다. 적은 돈이었지만 거기서 세금까지 뗀다는 게 억울했다.

그래서 최대한 손해 보지 않는 방법을 알아보기 시작했다. 당시 만 20세가 넘으면 금융상품에 세금우대(세금우대, 저율과세, 비과세)를 받을 수 있는 제도가 있었다. 제1금융권과 저축은행에서 만 20~60세의 국민은 1인당 1,000만원까지 세금 혜택을 받을 수 있었다. 이를 최대한 이용하고자 했다. 이제는 세금 제도가 개편되면서 없어진 세금우대(9.5%)를 적용하면, 5만 원씩 12개월을 모았을 때 세금 1,544원을 제외한 1만 4,706원의 이자를 받았다.

그때는 지금보다 더 안정적인 재테크를 했다. 그래서 제1금융권에서 저축을 시작하고, 만기되면 재예치하면서 동일한 금융회사 상품으로 목돈을 굴렸다. 협동조합에서만 받을 수 있는 저율과세 상품의 존재를 20대 중반에야 알았다는 것이 지금 돌이켜보면 많이 아쉽다. 2015년부터 제1금융권, 저축은행 세금 혜택이 없어지면서 거래하고 있는 금융회사와 저축 상품을 재정비해야겠다는 생각이 들었다.

협동조합을
똑똑하게 이용하자

예금, 적금은 물론 입출금 통장에서 이자소득이 발생하면 이자소득세 15.4%(소득세 14% + 주민세 1.4%)를 제하고 받는다. 세금우대는 15.4%의 이자소득세율을 9.5%로 낮추는 제도였다. 2015년부터는 이 제도가 사라지고 비과세종합저축으로 바뀌었다. 만 65세 이상(2019년 기준), 장애인, 국가유공자 및 가족, 생활보호 대상자 등으로 가입 대상이 제한되고, 전 금융회사를 통합해 1인당 5,000만 원까지의 납입한도 안에서 100% 비과세가 적용되는 것이다.

이제 나는 가입 대상이 아니어서 제1금융권에서는 세금 혜택을 받지 못한다. 처음에는 조금이라도 높은 금리를 찾으면 사라진 혜택만큼 손해를 메울 수 있을 줄 알았다. 하지만 생각보다 이자소득세 비중이 커서 웬만한 고금리가 아니면 매우기가 힘들었다. 당시 나라 경제 상황마저 안 좋아져 저금리는 계속 되었다. 다른 방법을 찾아야 했다.

우리나라에 존재하는 금융회사는 크게 제1금융권과 제2금융권으로 나눌 수 있다. 제1금융권은 우리가 흔히 아는 시중은행이고, 제2금융권은 저축은행과 협동조합이다. 나는 그동안 협동조합은 특수 업종에 종사하는 사람만 거래가 가능한 곳이라 여겨 내가 거래할 수 있는 금융회사 범위에 넣지 않았다.

협동조합은 농민, 어민, 상인 등이 모여 만든 조합으로 새마을금고, 지역농협, 지역수협, 신협 등이 있다. 단, 농협과 수협은 별도로 중앙회가 있는데 이는 제1금융권이므로 헷갈리면 안 된다. 협동조합은 해당 직업이 아닌 사람이라도 가입 가능하고, 거주지 또는 근무지 근처에 있는 협동조합이라면 저율과세 혜택까지 받을 수 있다. 조합원이 되면 만 20세부터 예·적금 상품에 가입할 때 저율과세(1.4%) 혜택을 1인당 3,000만 원까지 받을 수 있다.

제1금융권에서 거래하듯 협동조합을 이용하면 동일하게 일반과세를 적용하므로 반드시 조합원으로 가입해야 한다. 현금으로 출자금을 내야 하는데, 각 지점마다 금액이 1,000원부터 10만 원 이상까지 천차만별이니 미리 확인하자. 우리 동네는 내가 처음 가입할 때는 출자금이 2만 원이었는데 매년 조금씩 인상해 지금은 10만 원까지 올랐다. 인상된 금액을 추가로 넣지 않으면 저율과세 혜택을 못 받는다고 해서 부랴부랴 넣었던 기억이 난다.

출자금은 입출금 통장과 별개로 출자금 통장을 만들어 넣어준다. 이 통장은 1인당 1,000만 원까지 비과세이며, 매년 조합 자체에서 결산 결과에 따라 배당금도 준다. 조합에 투자하는 개념이라고 생각하면 된다. 배당금 역시 비과세다.

하지만 출자금 통장은 협동조합법에서 규정하는 예금자보호대상이 아니라 원금 손실 우려가 있으므로 최소 출자금만 넣어두는 것도 좋다.

가입한 6년 동안 소소하게 배당금을 받아 지금은 원금 10만 원에 이자가 1만 1,191원이 되었다. 가입비는 해당 조합과 더는 거래를 하지 않을 때 되돌려 받을 수 있다. 하지만 즉시 받지는 못하고 다음 연초에 시행되는 정기총회 이후부터 가능하다. 상황에 따라서는 1년 넘게 기다려야 할 수도 있다.

중요한 건
실수령액

저율과세 혜택을 알고 나서는 제1금융권에서 아무리 특판 적금이 나왔다고 해도 관심이 가지 않는다. 일반과세(15.4%)를 받으면 실제 받는 이자는 턱없이 적다는 걸 알기 때문이다. 심지어 제1금융권에서 특판이라고 나온 상품 대부분은 월 납입금액을 몇 십만 원 이하로 정해놓기도 한다. 그러면 금리가 높더라도 납입 금액이 정해져 있어 실제 받을 수 있는 이자액은 한정되는 것이다. 이렇게 한 달에 넣는 금액이 적으면 세후 이자의 차이가 적지만 납입 금액이 클수록 세금 부담은 더 커진다. 그러므로 저축액이 많아질수록 금리보다는 떼어가는 세금에 집중해야 한다.

월 30만 원 1년 적금	
제1금융권 또는 저축은행(일반과세 15.4%) 금리 연 3%	협동조합(저율과세 1.4%) 금리 연 2.6%
• 원금 합계 : 3,600,000원 • 세전이자 : 58,500원 • 이자과세: −9,009원 • 실제 받은 금액: 3,649,491원	• 원금 합계 : 3,600,000원 • 세전이자 : 50,700원 • 이자과세: −710원 • 실제 받은 금액: 3,649,990원

100만 원 1년 예금	
제1금융권 또는 저축은행 (일반과세 15.4%) 금리 연 3%	협동조합(저율과세 1.4%) 금리 연 2.6%
· 원금 합계 : 1,000,000원 · 세전이자 : 30,000원 · 이자과세: −4,620원 · 실제 받은 금액: 1,025,360원	· 원금 합계 : 1,000,000원 · 세전이자 : 26,000원 · 이자과세: −364원 · 실제 받은 금액: 1,025,636원

위의 표는 실제 예적금 계산기를 통해 계산해본 결과다.

제1금융권 또는 저축은행이 금리가 상대적으로 더 높지만 이자과세에서 차이가 많이 난다. 실제로 받는 돈을 계산해보면 금리가 낮은 협동조합의 상품이 더 유리하다. 적금을 붓는 기간이 길수록, 금액이 많을수록 이 차이는 더 커질 것이다. 가입하기 전에 꼭 실수령액을 계산해보자.

 요니나 TIP

- 포털사이트 → 예·적금 이자 계산기 검색
- 금리 비교 사이트
  - 전국은행연합회: http://www.kfb.or.kr
  - 금융상품한눈에: http://finlife.fss.or.kr

부자들의
통장 사용설명서

"강사님은 통장 몇 개나 갖고 있으세요?"

강의할 때마다 나오는 단골 질문 중 하나다. 늘 하는 대답은 "진짜 통장 많아요. 특히 저축통장은 12개가 넘어요"다. 대부분 놀라거나 '난 저렇게는 못해!'라는 표정으로 "그렇게 많은 통장을 어떻게 관리해요? 시간이 많이 걸리고 복잡하지 않아요?" 하며 되묻는다. 그러면 나는 "자주 관리하는 것은 소비 통장 하나, 나머지는 가입하고서 만기 날짜와 돈이 나갈 때 잔액 관리만 해요"라고 답한다.

통장은 많으면 많을수록 좋을까 아니면 몇 개만 갖고 집중하는 게 좋을까? 사실 통장 쪼개기에는 정답이 없다. 몇 년 전 재테크 시장을 휩쓸아쳤던《4개의 통장》은 실제 통장 개수가 아니라 통장을 나누는 목적의 숫자다. 보통 월급, 소비, 투자, 비상금으로 나뉜다.

저축도 제대로 하지 않고 수입이라고 해봤자 한 달 용돈이 전부였던 대학생 때는 통장만 만들어놓고 활용을 전혀 못했다. 하지만 대학생에서 사회인이 되고, 수입과 지출의 규모가 달라지면서 금융상품 관리법도 조금씩 달라졌다.

통장에
이름을 붙여라

일반적으로 월급 통장에 자동이체를 걸어두고 월급날 전후로 고정지출이 일제히 빠져나가도록 한다. 하지만 나는 프리랜서라 고정수입 없이 변동수입으로 생활한다. 그래서 월급 통장 대신 고정지출 통장을 만들어 이체 시기가 제각각인 고정지출만 관리했다. 저축, 보험, 연금은 물론 교통·통신비는 카드 자동이체로 신용카드값에 포함되어 고정지출 통장(직장인이라면 월급 통장)에서 나간다. 소비통장에는 한 달 동안 사용하는 변동지출 예산 금액을 넣어두고 체크카드와 계좌이체 등에 사용한다. 수입이 들어오면 상대적으로 금리가 높은 비상금 통장(CMA, 2030 통장)에 모두 넣어 소소한 이자를 받으며 긴급자금이 필요할 때를 대비한다.

월급 통장 : 각 금융회사마다 급여통장이라는 이름으로 판매하고 있는 자유 입출금 통장이 있으며, 보통 회사에서 금융회사를 정해준다. 돈이 묶여 있는 기간이 짧으므로 금리보다는 수수료 면제 조건에 집중하는 것이 좋다.

고정지출 통장 : 매달 자동이체로 나가는 고정지출을 관리하는 통장. 교통비, 통신비, 보험, 연금 등 일부 고정지출은 카드(체크, 신용) 또는 통장 자동이체를 이용하면 환급(캐시백), 포인트 적립 등 소소한 혜택을 받을 수 있다. 금융회사 홈페이지를 살펴보면 자동이체 신청자에게 혜택을 주는 이벤트가 주기적으로 나온다.

물론 이벤트라고 해서 모든 사람이 동일한 혜택을 받을 수 있는 것은 아니다. 지속적으로 카드 환급 혜택을 받기 위해서는 전월 실적이 존재하는 금융상품도 있다. 카드 종류 및 전월 실적 조건이 다양해 소소한 혜택을 받으려다 오히려 과소비로 이어질 우려가 있다.

그런 내용을 신경 쓰기 귀찮다거나 지금 당장 카드 혜택을 받기 어려운 상황이라면 고정지출 통장에 모두 연결해 편하게 관리하면 된다. 다양한 금융회사로 이체해야 한다면 타행 자동이체 수수료가 면제되는지 확인하자.

소비 통장 : 주로 소비하는 카드가 연결되어 있다. 잔액 변동이 빈번하므로 통장 금리보다는 수수료 면제(같은 은행 및 다른 은행 이체, ATM 기기) 혜택이 있는 상품이 적합하다. 요즘은 편의점 ATM 인출 수수료도 면제해주는 금융회사 상품도 늘고 있으니 아까운 돈을 바닥에 버리지 말자.

저축 통장 : 납입금액이 많을수록 금리보다 세금에 신경을 써야 한다. 제1금융권과 저축은행은 일반과세 15.4%, 협동조합은 저율과세 1.4%를 제하고 받을 수 있는 실제 이자 금액을 확인하자.

비상금 통장 : 여유자금을 넣어두는 통장이므로 자유 입출금 통장의 금리보다 조금 더 높고 수수료 면제가 가능해야 한다. 카드는 추가 소비를 불러일으킬 수 있으므로 발급하지 말자.

매일 한 번씩 통장 잔고를 확인하는 건 소비 통장뿐이다. 비상금 통장은 전 자산에 10%로 비중을 제한해 한정된 돈 안에서 관리하는데, 금액이 달라졌을 때만 조회한다. 적금과 예금은 만기 날짜에 자동 해지되어 입출금 통장에 들어오므로 그때만 확인한다.

내 재테크 패턴이 바뀔 때마다 통장 쪼개기 방법도 조금씩 수정, 보완한다. 사람마다 통장 쪼개기 방법은 모두 다를 것이다. 정답은 없기 때문에 개수보다는 목적에 따라 조절하면 된다.

단, 대학생 때의 통장 쪼개기 방법을 취업이나 결혼을 해서 금융 패턴이 바뀐 다음에도 그대로 유지하는 건 비효율적이다. 제대로 관리가 안 되고 있다면 통장 사용법을 다시 재정비해야 한다.

각 통장을 은행 한곳으로 집중할 필요는 없다. 금리나 혜택이 좋은 곳을 부지런히 알아보고 변경하면서 다양한 금융회사를 접해보는 것이 좋다. 나중에 진정한 주거래은행을 고를 때도 도움이 될 것이다. 요즘은 통장 만들기가 어렵기 때문에 가지고 있는 통장을 최대한 살리는 것도 방법이 될 수 있다.

이왕 신용카드를 쓸 거라면

스물아홉 끝자락, 신용카드를 처음 발급받았다. 이제는 신용카드를 받아들일 준비가 되었던 걸까? 무언가에 이끌린 듯 한가로운 주말 오후 주거래 금융회사가 아닌 전혀 생각지 못한 카드회사에서 온라인으로 발급 신청을 했다.

신청하기 전까지 포털사이트에서 몇날 며칠 동안 내게 맞는 신용카드를 찾았다. 평소 휴대전화 요금을 더 줄여야겠다는 생각이 있어 수많은 혜택 중 통신비에 집중했다. 관심사가 생기면 눈에 그것만 보이듯 이벤트 기간에 발급받으면 휴대전화 요금을 무려 월 1만 7,000원을 24개월 동안 할인해주는 카드를 찾았다.

보통 체크카드의 할인 혜택은 휴대전화 요금제가 5만 원 이상일 때 2,500원 정도다. 통신요금은 전월 실적에서 제외되는 상품도 많았다. 하지만 내가 고른 카드는 통신비와 후불 교통요금이 실적에 포함되고, 평소 60만 원을 쓰는데 전월 실적 30만 원만 채우면 되는 거라 놓치기 너무 아쉬웠다.

신용카드는 '신용'을 담보로 카드 발급 여부가 달라져 체크카드보다는 발급이 어렵다. 보통 카드값을 연체했을 때 당장 갚을 수 있는 자산과 신용등급을 확인한다. 세부 조건은 카드사마다 다르기 때문에 발급하고 싶은 카드 회사의 기준을 확인해야 한다.

'신용카드를 써야 신용 등급이 오른다'는 말을 들어본 적 있을 것이다. 신용등급 조회로 받는 대출은 신용대출로 우리가 흔히 생각하는 주택담보대출, 전세자금대출과 다르다. 그러므로 신용카드를 쓰지 않는다고 해서 대출을 못 받는 것은 아니다. 줄곧 체크카드만 썼더라도 후불 교통요금, 공과금, 통신비, 대출이자 등을 연체하지 않으면 보통 3~4등급이 나온다.

그렇다면 내 신용등급은 몇 등급일까? 신용등급은 따로

카드사에 물어보지 않아도 1년에 3회, 4개월에 1번씩 무료로 조회할 수 있다. 2011년 10월 이후부터 개인 신용 조회는 신용평가에 반영하지 않도록 개선해 신용 조회를 해도 등급이 떨어지지 않는다. 다만 단기간에 여러 번 신용 조회를 하면 돈이 급하다고 생각해 대출 심사에 부정적인 영향을 줄 수 있다고 한다.

NICE지키미 – www.credit.co.kr
올크레딧 – www.allcredit.co.kr
사이렌24 – www.siren24.com

신용카드와
체크카드

"신용카드가 좋아요, 체크카드가 좋아요?"라는 질문을 자주 듣는다. 답은 각자 소비 성향과 신용카드를 대하는 방법에 따라 달라진다. 만약 신용카드로 인해 소비가 늘고 한 달에 갚아야 할 할부금액이 계속 생긴다면 하루 빨리 신용카드 생활을 청산해야 한다. 반면 같은 신용카드를 써도 혜택을 받을 수 있는 조건만 채우는 소비로 오히려 실제 지출액이 줄어드는 사람도 있다.

일정 금액만 쓸 수 있는 체크카드나 선불카드처럼 신용카드 역시 자신의 소득 수준 안에서 소비하는 연습이 필요하다. 신용카드가 지금 당장 돈이 없을 때 먼저 소비하는 도구가 아니라는 말이다.

신용카드를 사용하면 한 달에 한 번 결제일에 지난 한 달간 소비한 금액이 빠져나간다. 미리 소비하고 다음 달에 돈을 지불하는 것이다. 체크카드는 결제할 때마다 통장에서 돈이 나가기 때문에 통장에 잔액이 없으면 소비할 수 없다. 그래서 없는 돈을 먼저 끌어 쓰는 신용카드보다 소비통제가 가능하다고 말한다. 나 역시 신용카드를 쓰기 전에는 이 말에 전적으로 동의했다. 하지만 체크카드를 쓰는 방법에 익숙하면 신용카드도 체크카드 쓰듯 활용할 수 있다.

신용카드의 소소한 혜택을 받기 위해 과소비를 하고 있거나 과소비를 할 우려가 있다면 먼저 체크카드로 소비 자체를 줄여야 한다. 혜택을 최대한 뽑아내기 위해서는 철저하게 소비를 통제해야 하기 때문이다. 아니면 체크카드만 사용해도 괜찮다. 생각보다 혜택을 받을 수 있는 요소가 많다.

내가 쓰는 체크카드 중에서도 30만 원 쓰고 1만 원 캐시백, 실적 없이 결제금액 1% 또는 1.5% 포인트 적립 등이 있다. 적립된 포인트는 1:1 비율로 현금처럼 사용할 수 있다. 내 소비 패턴을 정확하게 파악하면 효율적으로 혜택을 받을 수 있다.

혜택까지 챙기며
똑똑하게 쓰자

소비 현황을 알았다면 소비 규모에 따라 카드 개수를 달리해도 괜찮다. 보통은 카드를 여러 개 쓰면 소비가 늘어난다고 한다. 하지만 필요 소비에만 집중한다면 카드를 여러 개 사용해도 지출액은 늘리지 않고 혜택을 극대화할 수 있다.

내 경우를 예로 들면 전월 실적 30만 원이면 포인트 1만 점, 60만 원이면 2만 점을 적립해주는 체크카드로 한 달에 60만 원 이상 쓰고 있었다. 이때 전월 실적 기준이 30만 원인 신용카드를 새로 발급받아 기존 체크카드와 함께 사용했다. 새로 발급받은 신용카드에는 통신비, 후불 교통 요금, 기차값, 커피 및 베이커리, 영화관 할인 혜택이 있어 이 가맹점을 이용할 때 결제했다.

체크카드만 썼을 때는 최대 2만 원을 할인받았는데, 이렇게 카드 두 개를 함께 사용하니 한 달 평균 환급받는 금액이 약 3만 5,000원 정도로 1만 5,000원 더 늘었다. 평소처럼 소비했지만 돌려받는 금액이 더 많아졌으므로 실제 소비는 줄어든 셈이다.

2년에 한 번씩
카드를 바꿔라

처음 체크카드를 만들기 위해 금융회사에 방문했을 때가 떠오른다. 나에게 필요한 카드를 직접 알아보지 않고 직원이 추천해주는 상품을 신뢰했다. 은행에서는 수많은 상품과 손님을 접하니 차곡차곡 쌓인 데이터를 바탕으로 적합한 상품을 추천한다고 생각했다. 제대로 돈 관리를 시작하면서 내가 갖고 있는 카드 혜택을 정리해보니, 내가 직접 고르는 게 낫겠다는 생각이 들었다.

카드 발급을 위해 은행에 가면 먼저 알아보고 온 카드가 있는지 묻는다. 그 질문에 답하지 못하면 팸플릿 1~2장을 보여준다. "요즘 20대가 많이 쓰는 카드예요. 한 달에 20~30만 원 정도 쓰면 할인 혜택도 있어요. 그 정도는 소비하시잖아요"라는 말과 함께.

이때 조심해야 할 것이 바로 요즘 사람들이 많이 쓴다는 말이다. 대부분의 사람이 선택한 카드가 나의 소비 패턴과 맞지 않으면 열심히 카드를 써도 받는 혜택은 0원일 수 있다. 예를 들어 특정 외식업체에서 식사를 할 때 30% 할인을 해준다고 해도, 그 업체에 방문하는 빈도가 낮거나 최소 결제 금액 이상을 사용하지 않으면 혜택은 0원이다. 더군다나 더치페이를 자주 하는 나는 더더욱 혜택을 받기 어렵다. GS25 편의점 5% 할인 혜택에 혹해서 갔더니 한 번 결제할 때 최소 1만 원 이상이어야 하는 경우도 있었고, 최대 할인받을 수 있는 금액은 1,000원 이내라는 세부 조건까지 있었다.

물론 카드를 잘 사용하면 같은 물건을 사더라도 조금 더 저렴하게 구입할 수 있다. 앞에서 말했듯이 나는 한 달에 60만 원 이상 카드를 쓰는데, 전월 실적이 30만 원 이상일 때 혜택을 주는 체크카드와 신용카드 두 개를 사용한다.

각 카드마다 혜택이 다르다. 체크카드는 온라인, 음식점,

병원 등에서 최소 결제 금액 없이 5% 포인트를 적립 받고 1만 점 이상 포인트가 모이면 현금화가 가능하다. 신용카드는 영화관, 카페, 베이커리, 통신비, 코레일 이용 금액에 대한 할인을 받는다.

카드 두 개로 보통 한 달에 3만 5,000원~4만 원 정도 할인을 받는다. 처음에는 공돈이라 생각하고 소비 통장에 넣어 추가 소비를 했다. 몇 달 후, 열심히 아낀 것 같은데 남아 있는 돈은 별로 없었다. 그 이후 할인받은 금액을 모아 공·푼돈 자유적금 통장에 넣는다. 이렇게 1년이면 50만 원 정도를 카드 사용으로 모을 수 있다.

상황이 변하면
자주 쓰는 카드도 바뀐다

카드는 한 번 발급받고 잃어버릴 때까지 쓰는 결제 수단이 아니다. 상황, 직업, 관심 분야가 달라지면 소비 패턴이 달라지기 때문이다. 한동안 영화 관람 빈도가 높아 영화관 혜택이 있는 카드를 썼는데, 관심 분야가 바뀌면서 영화 소비가 크게 줄었다. 그럼 한 달에 소비하는 금액은 비슷할지라도 카드 혜택으로 받는 금액이 줄어들 것이다. 이런 부분은 가계부를 쓰면 바로 확인할 수 있다.

나는 2년을 주기로 카드 종류를 바꾸는 편이다. 취업 준비를 할 때는 토익 시험 응시료를 할인해주는 카드를 썼고, 통신비가 매달 6만 원이 넘을 때는 통신사 요금이 5만 원 이상이면 일정 금액을 할인해주는 카드를 이용했다. 지금은 토익 시험도 안 보고 통신 요금도 줄었기에 카드 역시 바꿨다. 당시에는 정말 잘 활용했지만 지금은 카드 보관함에 넣어뒀다. 현재 쓰고 있는 카드 역시 소비 패턴이 바뀌면 과감하게 정리할 것이다. 카드를 바꾸는 주기 또한 사람마다 소비 패턴이 바뀌는 시기를 파악해 결정하면 된다. 내 기준으로는 2년이지만, 소비 패턴이 더 빨리 바뀌는 사람은 카드 변경 주기가 더 빠를 수 있다.

자신에게 적합한 카드는 본인이 가장 잘 안다. 최근 2~3개월 소비 내역을 바탕으로 카드를 추천해주는 사이트, 어플을 보면서 후보군을 정리하자. 여러 개 카드 중에 전월 실적, 통합 할인 한도, 최소 결제 금액 등을 꼼꼼하게 확인하고 발급받는 것이 좋다.

요나나 TIP

▶ 전월 실적이란?

카드 부가서비스 혜택을 받기 위한 실적 기준으로, 매달 1일부터 말일까지의 카드 사용액이 기준이다. 모든 결제가 실적으로 포함되지 않는 경우도 있으니 참고하자. 카드마다 혜택을 받기 위한 전월 실적 기준은 다를 수 있다.

▶ 통합 할인 한도란?

카드마다 무제한으로 할인되지 않고 월별 최대로 할인, 적립을 받을 수 있는 한도를 말한다. 전월 실적에 따라 혜택 받을 수 있는 한도 금액이 달라진다.

예) 30만 원 이상 사용하면 1만 원 통합 할인 한도에서 할인받을 수 있다.

약간의 번거로움이
과소비를 막는다

신용카드를 사용할 때 가장 주의할 점은 소비 통제다. 신용카드는 지금 당장 돈이 없어도 정해진 카드 한도 안에서 소비할 수 있기 때문이다. 자칫 감당할 수 없는 소비를 할 우려가 있다. 만약 할부 제도를 활용하기 위해 신용카드를 만들었다면 하루 빨리 정리하고 체크카드를 이용하는 게 좋다. 신용카드는 한 번만 결제해도 선결제가 아닌 이상 빚을 안고 결제일까지 가는 것이다. 충당할 수 없는 소비 금액은 부담감만 안겨준다.

특히 무이자 할부가 문제다. 가격이 비싼 소비는 몇 개월에 걸쳐 나눠낼 수 있는 게 신용카드 장점이자 단점이다. 지금 당장 결제 금액은 줄어들지 몰라도 완납할 때까지는 매달 고정지출로 자리 잡는다. 그게 쌓이면 열심히 돈을 벌어도 수중에 남아 있는 현금이 없다. 그 달에 쓸 수 있는 돈이 줄어 또 할부를 하는 악순환을 반복한다. 또한 할부로 인해 지금은 지출 비중이 높지 않다고 스스로를 속여 더 많은 지출을 유발할 수 있다. 만약 본인 이야기라면 하루 빨리 할부를 정리해야 한다. 빚내서 결제하는 구조가 아닌 가지고 있는 돈에서만 소비할 수 있는 체크카드로 바꾸자.

신용카드를
현금처럼 사용하자

신용카드를 쓰면서도 소비를 통제할 수 있는 방법은 있다. 결제할 때마다 매번 선결제하는 방법이다. 소비한 날 바로바로 결제하면서 결제일까지 금액을 누적시키지 않아도 된다. 귀찮지만 소비 통장 안에 있는 금액으로만 생활할 수 있다. 어플이나 고객센터를 통해 처리할 수 있고 할부 이자가 있다면 매달 내는 이자를 조금씩 줄일 수 있다.

비슷한 방법으로 소비할 때마다 해당 금액을 결제계좌로 이체할 수도 있다. 체크카드나 현금 등과 연결되어 있는 계좌 말고, 신용카드 결제만 빠져나가는 단독 계좌를 사용하면서 결제할 금액을 입금하는 것이다. 매일 이체하면서 '보낸 이/받는 이'에 소비할 내역을 적으면 따로 가계부를 쓰지 않아도 결제 내역이 남아 결산하기 편하다. 만약 매번 이체하기 귀찮으면 일주일 정산 후 일괄 이체하는 방법으로 한정된 예산 금액 안에서 소비할 수 있다.

어떤 방법이 더 좋은지는 각자 성향에 맞게 고르면 된다. 나는 가계부를 쓰고 있어 매일 내역을 기록하고 관리하면서 신용카드 사용금액을 통제한다.

목돈은 카드 아닌
다른 방법으로

미리 모으지 못한 상태에서 큰돈이 필요하면 소액대출, 카드사 현금 서비스 등을 이용하는 사람도 있다. 하지만 까다로운 심사과정은 물론 그

과정에서 신용등급도 떨어질 수 있다.

신용카드를 소지하고 있다면 현금서비스 대신 한 달만 신용한도를 임시로 상향시킬 수 있는 서비스를 활용해보자. 일시적으로 늘어난 한도를 연체하지 않고 잘 갚을 수 있다면 신용등급도 하락하지 않고 예·적금을 중도 해지하지 않아도 된다. 필요에 따라 자유롭게 한도 상향을 받을 수 있는 것이 아니기 때문에 일시적으로 목돈이 필요하다는 증빙서류를 카드사에 제출해야 한다.

목적에 따라 서류 종류가 달라진다. 예를 들어 자동차 구매는 차량 구매 계약서, 결혼 준비는 예식장 계약서 등이다. 단, 늘어난 한도는 사용 목적에 맞게 해당 업종에서만 쓸 수 있도록 카드사에서 가맹점을 지정하는 등 제약을 받는다.

카드사 콜센터, 어플 또는 홈페이지에서 신청 후 서류를 제출하면 일시적으로 추가 한도를 받는다. 이때 정해진 기간까지 결제가 안 되면 임시 상향된 금액은 사용할 수 없으며 다시 원래대로 한도가 복원된다.

신용카드를 쓰면서도 얼마든지 소비 통제를 할 수 있다. 내가 현재 사용하고 있는 카드를 어떻게 활용하고 있는지 되돌아보는 것이 먼저다.

노후 준비,
기본이 가장 중요하다

최근 뉴스를 보면 국민연금이 고갈된다거나 연금 수령 나이가 높아진다는 등 부정적인 얘기가 끊임없이 나오고 있다. 그래서 국민연금 대신 개인연금에 집중하는 사람도 생각보다 많다.

물론 직장인은 본인 의사와 상관없이 월급에서 국민연금을 공제한다. 본인과 회사가 4.5%씩 부담해 총 9%를 매달 납입한다. 국민연금 보험료를 공제 후 월급이 입금되기 때문에 보험료에 크게 신경 쓰지 않는다.

반면 직장가입자가 아닌 개인가입자는 퇴직연금은 물론

국민연금 보험료를 온전히 자신의 수입에서 내야 한다. 수입의 9%이니 부담이 크다. 게다가 수입이 일정하지 않은 프리랜서의 특성상 갑자기 수입이 줄어들 경우 보험료를 납부하기 힘들 때가 생긴다. 어떻게 보면 소소할 수 있지만 장기적인 관점에서는 중요한 문제다.

물론 개인연금도 국민연금처럼 꾸준히 납입하고 노후까지 유지한다면 유용할 수 있다. 그런데 개인연금은 종종 목돈이 필요하면 중도 해지를 하는 경우가 많다. 이런 경우에는 만기를 채우지 못해 원금을 손실하는 사례도 많이 보았다.

특히 개인연금은 내가 납입한 금액이 전부 보험료로 쌓이는게 아니다. 보험회사의 운영비로 들어가는 사업 수수료가 떼인다. 이 수수료도 무시할 수 없다.

개인연금 중에는 중도인출이 가능하다는 것을 장점으로 홍보하는 경우도 있다. 그러나 중도인출을 할 수 있는 조건이 까다롭다. 그동안 납입한 돈에서 해지 환급금이 발생해야 중도인출을 할 수 있다. 게다가 그 금액을 다시 채워 넣지 않으면 보장 내역이 축소되기도 한다. 결국 소비자에게 부담을 떠넘기는 셈이다.

국민연금은
미래를 위한 보험

연금 상품으로 종잣돈을 마련하는 것은 바람직하지 않다. 연금은 당장 쓸 돈이 아니라 65세 이후를 대비하는 장기 목적 자금으로 봐야 한다. 노후 준비를 시작하려는 내가 개인연금보다 국민연금에 가입해야겠다고 생각한 것도 가장 기본적인 노후 생활 보장을 위해서였다.

국민연금은 근로가입자 외에 개인가입자는 지역가입자·임의가입자·임의계속가입자로 나뉜다. 매달 정기적으로 월급을 받지 않고 사업도 운영하지 않으면 지역가입자로 신청하면 된다. 온라인, 방문 상담을 통해 신청할 수도 있고, 전국 국번 없이 '1355' 콜센터로 전화하거나 거주 지역 지사를 검색해 연락해도 된다.

거주 지역 지사에 연락해서 내가 프리랜서이며 지역가입자로 국민연금에 가입하겠다는 의사를 밝혔다. 상담원은 내가 기업에 소속되어 있는지를 확인하고는 거주 동네를 담당하는 관련 부서로 연결해주었다.

상담하면서 몇 가지 질문을 받는데 그중 가장 어려운 질문은 '전년도 월 평균 소득 금액'이었다. 산술적 평균이야 가계부를 보면 바로 알 수 있었지만, 문제는 최근 들어 수입의 비수기, 성수기 간극이 더 커지고 있기 때문이었다. 그렇다고 가장 적은 금액을 내며 노후 준비를 하고 싶지 않았다. 현재 소득과 비교했을 때 월 납입하는 보험료가 향후 몇 십년 뒤, 연금으로 받을 때까지 계속 납입할 수 있을지도 걱정이었다. 더군다나 나중에 소득이 갑자기 줄어들거나 갑자기 큰돈이 필요해서 납부 자체가 부담이 되면 어떻게 해야 하는지 꼼꼼하게 물었다. 상담사는 일정한 절차를 걸쳐 임시로 납입을 중단할 수 있다고 알려주었다. 또한 1년마다 자체적으로 납부 금액을 조정할 수 있다고 했다. 수입이 없어 중도 해지하는 사람을 최대한 막겠다는 의지가 느껴졌다.

이왕 할 거라면
최대한 빨리 시작하라

국민연금은 납부 기간과 납입 금액 둘 다 중요하지만 이 중에서 더 중요한 것은 납부 기간이다. 어차피 가입할 것이라면 가능한 한 일찍 가입해 납입 기간을 늘리는 게 좋다. 그렇다면 수입이 불안정해 돈이 없는 시기에도 생활비를 줄여가며 납입해야 할까?

국민연금을 납입하다 실직, 사업 중단 등으로 소득이 없어지면 해당 기간에는 보험료 납부를 면제받을 수 있다. 소득이 없는 기간에 납부 면제를 받았다가 추후 여유가 생겼을 때 추가 납부로 면제 기간을 보충할 수도 있다. 또한 출산이나 군 복무, 실업 등 특정 이유로 보험료 납부가 어려운 사람들은 '크레딧' 제도를 통해 가입 기간을 추가로 인정받을 수 있다. 크레딧에는 총 세 가지가 있다.

첫째, 군복무 크레딧이 있다. 2008년 1월 이후 입대해 6개월 이상 병역 의무를 다한 사람에게 국민연금 가입 기간을 6개월 인정해준다. 대상은 현역병, 전환복무자, 상근예비역, 사회복무요원, 국제협력봉사요원, 공익근무요원이다.

둘째, 출산 크레딧이다. 2008년 1월 이후 둘째 자녀 이상을 출산하거나 입양하는 경우 국민연금 가입 기간을 추가로 인정해준다. 둘째 자녀는 12개월, 셋째 자녀부터는 한 사람당 18개월씩, 최장 50개월까지 추가로 가입 기간을 인정받을 수 있다.

셋째, 실업 크레딧이다. 실업기간 동안 국민연금 납부가 어려운 실직자에게 정부가 연금 보험료 75%를 지원한다. 나머지 25%만 본인이 부담하면 해당 기간만큼 가입 기간을 인정해준다.

국민연금 납부는 자동이체와 고지서 납부 중 선택할 수 있다. 카드결제도 가능하지만 납부 대행 수수료가 발생한다. 신용카드 0.8%, 체크카드 0.5%다. 가끔 카드사마다 수수료 면제 및 캐시백 이벤트도 하는데 기간, 카드 종류 등이 정해져 있다.

반면 자동이체로 납부할 경우 230원의 혜택을 받을 수 있다. 상담원에게 은행명과 계좌번호를 알려주면 연금 신청 다음 날에 확인 문자가 온다. 이후 매월 말일에 등록한 계좌에서 일괄 출금된다. 미납되면 연체료가 붙기 때문에 잔고를 꼭 확인하자. 더불어 지로명세서를 이메일 명세서로 바꾸면 200원 할인 혜택도 중복 적용된다. 총 430원을 아낄 수 있다. 단, 사업장가입자(직장가입자)는 급여에서 자동으로 빠지므로 자동이체 할인은 적용되지 않는다.

요니나 TIP

▸ 국민연금 개인가입자 참고 사이트 : 국민연금 블로그

https://blog.naver.com/pro_nps

▸ **4대 보험**(건강보험, 국민연금, 고용보험, 산재보험)

 자동이체

보험별로 1건당 매월 200~250원 감면 혜택

· 지역 가입자 – 건강보험료 200원, 국민연금 보험료 230원
 (국민연금 보험료는 이메일 고지로 설정하면 200원 추가 감면 혜택)
· 사업장 가입자 – 고용보험료 250원, 산재보험료 250원
 (건강보험료, 연금보험료 혜택 없음)
· 자동이체는 국민건강보험공단 대표전화(1577-1000), 홈페이지(www.nhis.or.kr), 사회보험 통합징수포털 홈페이지(si4n.nhis.or.kr), 각 국민건강보험공단 지사, 금융기관에서 신청할 수 있다.

내 돈을 위협하는
장기 금융상품의 함정

노후는 마냥 남의 일인 줄 알았는데, 서른이 되면서 조금씩 준비를 해야겠다는 생각이 들었다. 만약 4대 보험이 적용되는 직장에 취업했더라면 지금보다 걱정은 덜 했을 듯하다. 하지만 프리랜서는 하나부터 열까지 스스로 노후 준비를 해야 했다.

우리나라에서 노후 준비는 크게 3단계로 나눌 수 있다. 가장 기본적인 생활을 보장하는 사회보장 연금인 국민연금, 매달 월급에서 일정한 금액을 따로 모아 회사 또는 개인이 관리하는 퇴직연금, 스스로 보험회사를 선택해 가입하는 개인연금이다.

개인연금은 연금 사업비를 내가 납입하는 보험료에서 충당한다. 상품에 따라 그 비중이 높은 것도 있다. 예를 들어 월 10만 원씩 연금보험에 납입할 때 사업비를 10%씩 뗀다면 내가 낸 보험료 중에서 월 9만 원만 투자되는 셈이다. 처음부터 손해를 안고 가는 구조다. 흔히 보험회사에서 "5년 이상 납입해야 원금을 찾을 수 있다"고 하는 것은 그때가 되어야 순수 보험금이 마이너스 상태에서 원금을 회복한다는 뜻이다. 사업비에 따라 원금을 회복하는 기간이 더 필요한 상품도 있다.

개인연금은 납입액도 국민연금보다는 많고, 내가 소비할 수 있는 자금 안에서 보험료를 내야 하기에 실질적으로 국민연금에 비해 감당해야 할 부담이 크다. 그럼에도 시중금리보다 금리가 높고 10년 이상 납입하면 비과세 혜택이 가능하다는 장점으로 소비자를 유혹한다. 특히 중도인출 제도를 혜택으로 강조하는 회사도 있다. 하지만 이것 역시 결국 고객이 손해를 보는 구조다. 이를 보험사의 배려라고 생각해서는 안 된다.

많은 사람이 보험을 저축이라고 착각한다. 사실 보험은

소비다. 목돈을 모으고 싶다면 보험이 아닌 예·적금을 이용해야 한다. 노후 준비는 적어도 35년 이후를 대비하는 것이다. 20~30대는 결혼 등 늦어도 5년 안에 큰돈이 들어가는 이벤트가 많다. 제대로 계획을 세우지 않고 '일단 해보자!'는 마음으로 보험에 접근하면 유지하지 못할 가능성이 크다.

장기 상품 가입은
최대한 신중하게

싱글일 때는 장기 보험 상품 가입을 최대한 미루는 것이 좋다. 물론 결혼한 사람도 향후 2~5년 안에 있을 이벤트를 확인하고 재무계획을 세워야 한다. 앞으로 5년 안에 큰돈이 필요한 이벤트가 있다면 보험료를 조절하거나 가입을 한 번 더 생각해볼 필요가 있다. 더군다나 어떤 상품인지 알지도 못하는데 보험설계사가 일방적으로 좋다고 권하는 상품은 피하는 것이 좋다.

보험사는 하루라도 일찍 가입하면 유리하다며 생각할 시간조차 주지 않고 가입을 권유한다. 대부분의 금융상품은 물가상승률 때문에 일찍 가입하고 오래 유지하는 게 유리하다. 이 조건은 만기가 되면 비로소 빛을 발한다. 하지만 현실은 당장 몇 년 뒤에 발생하는 결혼, 출산 등의 이벤트 때문에 연금을 해지한다. 그러면 보통 원금 손실이 난다. 만약 보험회사 직원이 사업비를 뗀다는 얘기를 하지 않은 채 가입을 유도했거나 본인이 알고 있던 보장내역과 다른 상품에 가입한 경우, 혹은 자필 미서명 등 설명 의무 위반을 했을 때는 불완전판매 민원을 접수해 납입했던 금액 일부를 돌려받을 수 있지만 일처리 과정이 꽤나 번거롭다. 돈을 열심히 버는 것도 중요하지만 지키는 것이 더 중요하다.

나는 노후를 대비하기 위해 국민연금을 선택해 꾸준히 납부하면서 한 달에 내는 금액을 매년 늘리고 있다. 지금은 판매가 중단된 재형저축 상품도 중·장기 저축으로 활용하고 있다. 가입 당시 소득이 낮았기 때문에 서민형 상품에 가입했고, 4년 이상 가입 유지하면 연 4.2%의 고정금리와 비과세 혜택을 받을 수 있다. 1년에 1,200만 원, 분기마다 300만 원 한도로 넣을 수 있다. 사실 강제성이 없는 자유적금이라 초반 1년은 돈을 넣지 않고 그대로 방치했다. 3년 적금 만기도 힘든데 그보다 1년 더 긴 상품을 유지할 여유가 없었다.

하지만 금리가 계속 낮아지면서 재형저축은 내가 갖고 있는 적금 중에서 가장 높은 금리의 상품이 되었다. 고민 끝에 월 5만 원씩 정기적금을 넣듯 자동이체를 걸어두었다. 당시 나에게는 월 5만 원 정도가 큰 부담 없이 낼 수 있는 금액이었다. 그 후 수입이 늘 때마다 1만 원씩 더 이체했다. 지금은 납입액이 월 10만 원으로 늘어났다. 처음부터 월 10만 원으로 시작했다면 몇 달 못가 납입을 중단했을 것이다. 장기 상품은 부담이 크지 않은 금액으로 시작하는 게 좋다.

내가 관리할 수 있는
다양한 방법으로 준비하자

또한 종신·변액·저축성 보험 대신 국내 주식 중 대형주 몇 개를 골라 관리하면서 노후자금을 만들고 있다. 처음 며칠은 당장 이익을 볼 수 있는 주식으로 접근했는데, 그러다 보니 주식 가격 등락에 기분이 좌지우지되는 등 일상생활 통제가 안 됐다. 그래서 최근에는 주식 투자 기간을 장기로 잡고, 주식 투자 방법을 바꾸었다. 막상 돈이 필요한 시기가 다가오면 마음이 조급해져 실수가 많아질 것 같았다. 아직은 조금씩 거래하면서 시야를 넓히고 있다. 물론 금리는 낮더라도 원금 보장이 되는 예금과 적금에도 꾸준히 저축하고 있다.

노후 준비를 시작할 때는 정해져 있는 게 아니다. 스스로 필요하다고 느끼고, 오랜시간 돈이 묶여 있어도 당장 필요한 목돈 준비에 흔들리지 않을 정도로 자산을 구축했을 때 하나둘 늘려나가는 것이 장기 상품을 오래 유지할 수 있는 방법이다. 나는 결혼 자금을 포함해 1억 원 정도 자산을 모은 다음 본격적으로 노후 준비를 시작했다. 하지만 개개인마다 상황이 다르다는 것을 명심하자. 보험은 저축이 아닌 소비라는 것을 인지하는 것만으로도 첫 단추를 잘 꿰었다.

chapter 4.

부자 되는 한 끗 차이
라이프스타일

아직은 자동차보다
대중교통이 좋다

저녁에 강의가 있을 때는 막차를 놓칠까 걱정되고, 지방 강의 때는 강연시간에 늦을까 조마조마하다. 그럴 때면 '차가 있으면 시간 활용 측면에서 편하고 효율적이지 않을까?'라는 생각에 자동차 구매 욕구가 생기기도 했다.

그래도 대중교통이 편한 지역에 살아서인지 몇몇 경우를 제외하고는 자동차가 필요하지는 않다. 더군다나 할부를 싫어해 차도 일시불로 결제할 텐데 몇 천만 원이 한순간에 사라지면 너무 허무할 것 같았다.

차를 구매하면 바로 발생하는 주유비, 주차비, 보험료, 유지관리비 등 부담스러운 고정지출을 감당하고 싶지도 않았다. 또한 운전을 하면 너무 피곤할 것 같기도 하고 이동시간에 운전 외에는 할 수 있는 것이 없어 시간 활용에도 문제가 생길 것 같았다.

그래서 나는 BMW를 선택했다. 나는 B(Bus·Bike), M(Metro), W(Walk)로 전국을 돌아다닌다. 물론 상황에 따라 기차, 비행기, 택시를 탈 때도 있지만 주로 BMW를 이용한다.

그런데 집은 경기도지만 주로 서울에서 활동하다 보니 교통비가 만만치 않았다. 한 달에 15만 원 정도를 쓴 적도 있다. 할인을 받을 수 있는 후불 교통카드를 사용해도 최대 5,000원 정도만 혜택을 받을 수 있다. 줄일 수 없는 고정지출에 부담을 느꼈다. 그래서 할인 카드보다 혜택이 더 많은 방법을 찾아야 했다.

대중교통
저렴하게 이용하기

지하철만 이용한다면 정기권을 구매해 한 달씩 충전하고 선불카드처럼 사용하는 방법이 있다. 서울 전용과 거리 비례용 두 종류가 있고, 충전한 날부터 한 달간 60회 사용할 수 있다. 서울 전용 정기권 요금은 5만 5,000원이다. 그러면 한 달에 16번은 무료로 탈 수 있다는 계산이 나온다. 다만 서울 전용 구간 외에서는 이용할 수 없다. 거리 비례용은 적용 거리에 따라 다른 운임 요금으로 14종이 발행된다. 보통 44회 사용할 수 있는 카드를 15% 할인한 금액으로 구입할 수 있다. 이동 거리에 따라 정기권 금액이 다르니 서울도시철도 홈페이지(www.smrt.co.kr)를 확인하거나 역사 안에 있는 고객센터에 문의해보자.

나는 경기도에서 신분당선을 타고 서울로 이동하므로 거리 비례용 정기권을 구입해야 한다. 지하철을 이용하면 이동시간에 독서, 글쓰기, 중국어 공부 등을 할 수 있다는 장점도 있다.

또한 지하철과 버스는 이른 시간에 탑승하면 요금을 할인해주는 조조할인 제도도 있다. 오전 6시 30분 이전에 교통카드를 이용해 탑승하면 기본요금에서 20%를 할인해준다. 즉 지하철은 기본거리 기준으로 1,000원에 탈 수 있다. 시내버스와 마을버스를 이용해도 할인해준다. 매일은 아니지만 가끔씩 아침 일찍 집을 나설 때 받을 수 있는 소소한 할인 혜택이다. 하루를 일찍 시작하는 사람들을 보며 게으른 나를 되돌아보기도 하고, 출근길 '지옥철'과 달리 앉을 자리도 많아 이동하는 시간에 글을 쓰기도 한다.

또 다른 즐거움,
자전거

한동안 지하철 정기권을 찬양했는데 요즘은 서울시 자전거 '따릉이'를 타고 서울 안을 이동하는 데에 재미를 붙였다. 따릉이는 서울 안에서 누구나 이용할 수 있는 자전거 무인대여 시스템이다. 1일 또는 기간별 정기권을 구입해 이용할 수 있다. 1일권은 한 번 대여할 때마다 1시간 또는 2시간으로 선택할 수 있는데, 시간에 따라 금액은 1,000~2,000원이다. 서울시민뿐만 아니라 전 국민, 외국인까지 이용할 수 있다.

처음 이용했을 때는 1시간에 1,000원이 비싸다고 생각했다. 하지만 1,000원에 1시간만 이용할 수 있는 게 아니었다. 1회권이 아닌 1일권이므로 결제 시점부터 24시간 동안 탈 수 있다. 1시간으로 구매했으면 대여 1시간이 지나기 전에 근처 대여소에 가서 반납한 후 다시 빌리면 또 1시간 이용할 수 있다. 같은 자전거를 다시 이용해도 되고 다른 자전거로 바꿔서 타도 된다. 반납 시간이 5분 초과될 때마다 200원씩 추가되므로 반납 시간 확인은 필수다.

또한 1년 정기권을 구매한 사람은 따릉이를 타고 30분 내에 대중교통으로 환승하면 환승 마일리지도 적립할 수 있다. 물론 반대도 가능하다. 이용하기 전 미리 따릉이 어플에 후불 교통카드 번호를 입력하면 된다. 1회 100포인트, 1일 최대 200포인트, 연간 최대 1만 5,000포인트까지 적립할 수 있고, 모은 포인트는 따릉이 정기권을 결제할 때 현금처럼 쓸 수 있다. 지하철 정기권과는 환승이 안 되니 주의하자.

한참 무더웠던 여름날, 더위를 피하기 위해 아침 6시 50분 지하철을 타고 3호선 충무로역에서 내려 을지로 입구까지 따릉이를 타고 다녔다. 출퇴근 때는 생각보다 따릉이를 타고 이동하는 사람이 많다. 전국 모든 곳에 공공자전거 사업이 추진되면 좋겠다.

대중교통 이용시간을 활용하지 않을 때는 교통비가 비싸다고만 생각했다. 이동시간을 알차게 활용할 수 있는 방법은 많으니 자신에게 맞는 방법을 찾아보자.

요나나 TIP

▶ 착한 운전 마일리지 가입

착한 운전 마일리지란 경찰서에 무위반, 무사고 준수서약서를
제출한 후 1년 동안 서약 내용을 이행하면 착한 운전 마일리지
를 10점씩 적립해주는 제도다. 위약하지 않으면 1년마다 자동
으로 누적된다. 운전하면서 벌점을 받아 면허 정지 및 취소 등의
사유가 생기면 마일리지로 차감할 수 있다. 운전면허증만 있으
면 실제로 운전을 하지 않아도 착한 운전 마일리지에 가입할 수
있다.

업무 미팅이
줄줄이 이어진다면

부끄러운 얘기지만 나는 시간 약속에 대한 개념
이 잡힌 지 몇 년 되지 않았다. '시간 약속은 어기라고 있는
것'이라는 우스갯소리가 내 삶 깊숙이 박혀 있었다. 하지만
20대 중반, 다른 사람들보다 조금 늦게 사회생활을 시작하
며 약속시간의 중요성을 깨달았다.

첫 인상으로 좌지우지 되는 업무 미팅, 기간 안에 제출해
야 하는 프로젝트 제안서 등은 시간 엄수가 기본이었다. 지
각 또는 기한을 놓쳐서 오랫동안 준비했던 중요한 일이 무
산되었다는 이야기도 심심찮게 들었다.

나쁜 습관은 빨리 자리 잡지만 고치려면 많은 시간과 노력이 필요하다는 걸 알기에 인지한 순간부터 조금씩 변화를 주었다. 다른 사람을 만날 때 약속 시간부터 지키자고 다짐했다. 의식적으로 약속 시간보다 일찍 도착하려고 노력한다. 예전에는 일찍 도착해도 할 게 없어서 딱 맞춰나갔다. 그러다 보니 내 의지와 상관없이 외부 영향으로 아슬아슬하게 또는 늦게 약속장소에 도착하곤 했다.

상대방은 여유 있게 기다리고 있는데 나만 숨이 차 헉헉거릴 때 '천천히 하세요' 또는 '숨 좀 돌리세요'라는 말을 들으면 시작하기도 전에 기싸움에서 졌다는 느낌이 들었다. 미팅 때 간혹 불리한 제안을 받아도 아까 늦었다는 미안함에 그냥 수락하는 경우도 있었다. 손해인줄 알면서도 의견을 제시하지 못했다. 나도 반대 입장에서 여유를 갖고 협상에 임해야겠다는 생각이 강하게 들었다.

업체나 외부사람들은 보통 카페에서 만나기 때문에 일찍 도착하면 기다리는 동안 책을 읽는다. 30분 정도 여유가 있는 날은 짧게라도 글을 쓰면서 흐지부지될 수 있는 시간을 나만의 시간으로 확보한다. 상황에 따라 미리 음료를 주문하거나 기다렸다가 같이 주문한다. 업무적으로 만나는 사람과는 이런 방식으로 자투리 시간을 활용한다.

문제는 지인과의 약속이다. 지인과 밥 먹고 후식으로 보통 음료를 마시는데 20~30분 정도 일찍 도착하면 고민하기 시작한다. '먼저 밥집에 가 있을까? 아니면 카페에 있을까?' 처음 몇 번은 카페에서 기다렸는데 음료를 주문하고 몇 분도 안 돼 친구가 도착했고 밥집으로 이동해 식사를 한 뒤 나는 또 음료를 마셔야 했다. 평소에는 음료를 마시지 않았음에도 한두 잔씩 쌓이니 한 달 식비 예산에 부담이 생겼다.

시간을 최대한
활용하라

카페 말고 잠깐 시간을 보낼 수 있는 장소를 찾기 시작했다. 다른 대안으로 로드숍 아이쇼핑을 생각했다. 약속 장소는 대부분 번화가 근처이기에 상점을 천천히 돌면서 요즘 유행하는 화장품도 구경하고 샘플도 사용해보면서 시간을 보냈다.

하지만 이 방법은 구경하던 제품을 구매하게 되는 문제

점이 있다. 잠재웠던 물욕이 스멀스멀 올라오면서 불필요한 소비로 재정적 고민만 늘어났다.

'어떤 장소가 있을까? 추가 소비가 발생하지 않는 곳이면 좋겠는데.'

번화가 약속 장소 주변에는 로드샵, 카페 외에도 서점은 늘 한 곳 이상 있었다. 요즘에는 서점 인테리어도 잘 되어 있어 눈치 보지 않고 편하게 책을 읽을 수 있다. 평소 읽고 싶었던 책은 물론 각 분야마다 최신 트렌드를 파악할 수 있어 책을 쓸 때는 1주일에 한 번 이상 서점에서 아이디어와 긍정적 자극을 많이 얻었다.

약속장소 근처에 서점이 없으면 앉을 수 있는 곳을 찾는다. 지하철 승강장 앞에 있는 의자, 버스정류장 의자, 동네 벤치, 백화점 만남의 광장 등. 글을 쓸 수 없는 상황에서는 다음 우선순위인 독서, 중국어 공부 등을 했다. 시간적 여유가 있을 때는 문제되지 않지만 그렇지 않을 경우 가장 먼저 손을 놓는 게 자기계발 분야이기 때문이다.

습관을 만드는 건 어렵지만 한 번 놓기 시작하면 다시 되돌리기 어렵다. 올해 목표 중에는 한 달에 책 네 권 이상 읽기와 여행 가서 대화가 가능할 정도의 중국어를 익히기가 있었는데 어느 정도 목표를 달성했다. 시간은 내는 게 아니라 만드는 것이다. 공중으로 흩어지려는 시간을 최대한 살리는 건 정말 필요할 때 나에게 긍정적 무기가 될 것이라고 믿는다. 예전에는 꼭 돈을 써야만 시간을 제대로 보낼 수 있는 줄 알았지만 조금만 고민해보면 알차게 활용할 수 있는 방법은 많다.

사소하지만 확실한
절약 노하우

가끔이기는 하지만 한 번 마시기 시작하면 하루 한 잔은 기본으로 사 마실 정도로 중독성이 강한 음료. 내 입맛에도 유행이 있는지 커피 마실 때는 주구장창 스타벅스에만 가더니, 커피를 끊고 나서는 공차 밀크티에 푹 빠져 있다. 음료를 끊을까도 고민했지만 친구를 만나거나 모임할 때, 강의를 마친 후 여유를 가지며 마시는 음료 한 잔은 내게 소소한 행복이다.

이렇게 하나둘 이유가 생기니 카페 방문 빈도는 물론 비용도 부담이 되는 수준까지 증가했다. 일시적으로 음료값을 줄여보려고 온라인에서 약 10% 이상 저렴하게 판매하는 음료 모바일 상품권을 구매했다. 내가 갖고 있는 체크카드 음료 혜택은 5% 정도라 구매를 망설일 필요가 없었다. 게다가 앱테크로 모은 소소한 포인트까지 합해 2만 원짜리 상품권을 1만 7,460원에 구매했다.

상품권을 살 때는 큰돈이 나가는 것이니 아껴 쓰겠다고 다짐했건만 막상 음료를 살 때는 '실제 지출은 0원이니까…'라는 마인드로 바뀐다. 실제 내 지갑에서 지출할 때보다 더 편하게 사용하고 있었다. 나름 합리적인 소비자라고 생각했는데 최근 가계부를 보니 여전히 식비 중에서 음료 비중이 현저히 높았다. 저렴하다며 더 많이 마시고 있었다. 빈도를 낮출 방법을 찾아야 했다.

텀블러 사용이
비법

음료 구매가 필수인 장소를 갈 때를 제외하고는 텀블러에 물 또는 티백을 넣어 챙기기 시작했다. 그전에는 스터디룸, 코워킹 스페이스, 강연장, 서점, 길거리 등 굳이 음료를 마시지 않아도 되는 상황에서도 습관적으로 구매했다. 신기하게도 텀블러 하나 챙겼을 뿐인데 이미 마실 거리가 있다는 이유로 음료 구매가 줄어들었다.

가족이 모두 차를 좋아해 여행을 가면 차를 사오는 일이 많다. 집에 다양한 브랜드의 차가 있어 사서 마시지 않아도 여러 종류의 차를 마실 수 있다. 차 역시 시간이 지날수록 향이 옅어지기 때문에 부지런히 마시는 게 좋다.

물론 텀블러와 차에 관심 갖기 시작하면 초기 비용이 들어간다. 다양한 사이즈의 텀블러를 하나둘 모으기 시작하니 어느새 텀블러 요정이 되어 있기도 한다. '이제 그만 사야지!'라고 마음속으로는 수십 번 외치지만 예쁜 텀블러와 향 좋은 차 앞에서는 속수무책이다. 하지만 이 단계를 지나자 음료 비용이 많이 줄었다.

물론 커피를 좋아하는 사람도 텀블러를 사용할 수 있다. 하루에 커피 한 잔은 마셔야 생산성이 올라간다는 우리 어머니는 텀블러에 직접 커피를 타 드신다. 또한 카페에서도 업체에 따라 텀블러를 사용하면 음료값을 할인해준다. 상대적으로 찻값이 비싼 카페에는 꼭 챙겨간다. 신기하게도 플라스틱 컵에 마실 때는 그 자리에서 다 마시는데 텀블러에 담아서 먹으면 천천히 마시게 된다. 남으면 집으로 가지고 와서 마시기도 한다. 자기 전에 텀블러를 씻어놓으면 내일 다시 사용할 수 있어 생각보다 번거롭지 않다. 추가로 플라스틱 사용을 줄일 수 있어 환경 보호 측면에서도 좋다.

 요나나 TIP

▶ 커피 브랜드별 텀블러 할인 혜택

브랜드	할인 혜택
엔제리너스커피, 크리스피크림 도넛	400원
스타벅스, 배스킨라빈스, 던킨도너츠, 카페베네, 커피빈, 파스쿠찌, 할리스, 디초콜릿커피, 디초콜릿커피앤드, 탐앤탐스, 투썸플레이스	300원
이디야, 커피베이, 맥도날드, 버거킹, KFC, 롯데리아	200원
빽다방	100원

* 개인 카페의 텀블러 할인은 개별적으로 물어봐야 한다.
* 브랜드 상관없이 '텀블러'면 가능하다.
* 매장에 따라 텀블러와 멤버십 등 중복 할인이 가능한 곳도 있으니 확인하자.

이것저것 할인받아도
편의점은 비싸다

중·고등학교 때부터 편의점보다 동네 마트를 주로 이용했다. 집 앞에 있는 편의점에서 3~4분 더 걸으면 마트가 있었다. 상품도 다양하고 가격까지 저렴했다. 물건을 구매할 때마다 마트 자체 포인트나 캐시백을 적립해주었다.

최근 외부 강의 등 밖에서 업무를 보는 일이 많아지면서 편의점 방문 빈도가 늘었다. 낯선 곳에서 동네 슈퍼를 찾기가 어렵고, 찾았다 한들 방문 빈도가 낮아 자체 포인트를 적립해도 큰 의미가 없었다. 차라리 편의점뿐 아니라 계열사도 사용 가능한 브랜드 포인트 적립이나 통신사·카드사 할인이 가능한 편의점을 이용하는 게 편했다.

편의점에서 꼬박꼬박 포인트를 적립이나 사용하고, '2+1' 상품을 사기도 하면서 알뜰하게 구매하고 있다고 자부했다. 하지만 이 자랑스러운 감정은 몇 시간도 안 되어 사라졌다. 오랜만에 방문한 동네 마트에서 판매하고 있는 비타민 음료 가격을 본 것이다. 편의점보다 최소 500원 이상 저렴했다. 편의점에서 열심히 이것저것 할인받고 적립해도 판매가가 저렴한 것을 할인이 이길 수 없었다. '왜 바보같이 판매가는 생각하지 않고 할인, 적립에 집중했을까?' 그날 이후 조금씩 편의점으로 가는 발길을 끊었다.

편의점보다 싼 곳에서
미리 구매하기

최근 외부에서 일할 때마다 매운 과자를 하나씩 사먹는 버릇이 생겼다. 집에 있을 때는 도보 5분 이내 편의점이나 슈퍼마켓이 없어 간식을 거의 먹지 않는데, 밖으로 나가면 눈앞에 펼쳐진 편의점에 들어가 들뜬 마음으로 지갑을 연다.

한 봉지에 1,500원. 최대 10% 통신사 할인을 받아도 1,350원이다. 예전에는 이것을 현명한 소비라고 생각했다. 그런데 다른 걸 사려고 소셜커머스에 들어갔다가 할인된 가격으로 파는 과자 묶음 상품을 보게 되었다. 마트에서 과자를 골라 카트에 담듯 100여 종의 과자 중 원하는 걸 골라 일정 금액 이상(보통 9,800원) 구매하면 배송비도 무료다. 편의점에서 1,500원이던 과자를 990원에 사는 것이다. 추가 할인까지 받으면 990원보다 더 싸게 살 수도 있다.

과자를 정말 좋아하지만 매일 먹지는 않는다. 일주일에 한 번, 한 달에 네 번을 먹는다고 가정하면 약 2,000원을 아낄 수 있다. 더군다나 추가 할인 쿠폰, 출석체크로 미리 모아둔 포인트 등을 활용할 수도 있다. 좋아하는 과자 외에 모임 때 먹을 과자를 조금 더 선택했다. 총합 9,990원어치 과자를 골라 4,208원으로 계산했다.

이렇게 산 과자는 박스에 넣어두고 주말에 먹고 싶을 때마다 꺼내 먹는다. 평소 강연이 끝나면 달달한 게 당겨 습관적으로 초콜릿을 찾아 편의점으로 향하곤 했다. 이제는 온라인으로 박스째 사놓고 강의가 있을 때마다 하나씩 챙겨서 나간다.

불편할수록
돈이 모인다

소비 자체를 줄이면 가장 좋겠지만 그것이 힘들다면 편의점 대신 슈퍼마켓을 선택하자. 조금 불편하지만 더 싸게 구매할 수 있다. 예를 들면 다음 날 일정을 확인해 미리 마트에 가서 내일 소비할 주전부리를 사 오는 것이다. 번거롭고 귀찮을 수는 있어도 허기진 상태에서 이것저것 먹고 싶은 걸 통제하는 것보다 낫다. 보통 생수를 사 마시는 친구들에게 추천하는 방법인데 편의점 방문 빈도를 낮추고 싶다면 충분히 적용 가능하다.

이 두 가지 방법이 힘들면 편의점에 가기 전에 오프라인 가격보다 조금 더 저렴한 해당 제품 기프티콘이나 편의점 모바일 상품권을 사서 결제하는 방법도 있다. 빙수를 먹으러 갈 때 인터넷에서 11% 저렴한 기프티콘을 구매해 매장을 방문해 1,000원 이상을 아낀 적도 있다.

이 세 가지 방법은 상황에 따라 다양하게 활용하고 있다. 요즘에는 편의점, 마트 방문을 줄이고자 목이 마를 때를 대비해 텀블러와 티백을 가지고 다닌다. 부자가 얘기한 것처럼 돈은 소비하기 불편할수록 잘 모인다.

2,500원 아끼려고
1만 원 더 쓴다

언제부터 오프라인보다 온라인에서 구매하는 걸 더 선호하게 되었을까? 너무 익숙해진 나머지 오프라인은 물건만 확인하고 인터넷으로 주문하기도 한다. 그러면 힘들게 들고 오지 않아도 된다.

온라인 쇼핑은 오프라인 판매가보다 저렴하고 오프라인에서 번번이 놓치는 추가 할인, 적립도 챙길 수 있어 상대적으로 저렴하게 구매하는 듯한 기분이 든다. 하지만 장점이 있으면 단점도 있는 법이다. 구매할 때 늘 신경 쓰이는 부분은 배송비다. 오프라인보다 가격이 저렴해도 배송비가 포함되면 가격이 비슷해지기 때문이다.

무료배송의
덫

얼마를 사든 무조건 배송비
가 부과되면 고민 없이 필요한 것만 산다. 문제는 최소 3~4개
이상 구매해야 무료가 되는 조건부 무료배송이다. 3만 원,
5만 원 이상 구매 등 무료배송 조건이 있다. 지금 장바구니
에 담아놓은 상품에 몇 개만 추가해 무료로 배송되면 불필
요한 걸 필요하다고 생각하는 합리화까지 하면서 물건을
추가한다.

가격비교 검색을 통해 물건 사기 전까지는 정말 사야 할
물건만 생각하는데 배송비 2,500원을 보는 순간 그 사이트
에 판매하고 있는 것 중 내게 필요한 게 있을지 찾고 있는
나를 발견한다.

클릭 몇 번 후 결제가 완료되면 그 이후에는 다른 업무에
집중해야 하는데 수십 개 쇼핑몰 창을 켜놓고 '이건 이래서
별로, 저건 저래서 별로' 비교, 분석하며 시간을 허비하는

일이 잦았다.

결국 2,500원 배송비를 아끼기 위해 1만 원 이상을 추가 소비하게 되었다. 배송비 2,500원이 허공에 뿌려지는 것보다 낫다고 생각했기 때문이다. 최근에도 마음에 드는 노트북 스티커를 발견했는데 1만 2,000원이었고 3만 원 이상 무료 배송이었다. 그때부터 또 다른 물건들을 고르기 시작했다. '이것도 필요했는데!'라는 합리화와 함께 말이다.

3만 1,000원을 결제하면서 3만원 근접하게 소비했다며 스스로 뿌듯해했다. 1만 4,500원으로 구매할 수 있던 것을 배송비를 핑계 삼아 1만 6,500원을 더 지출한 꼴이다. 물론 구매한 물건은 만족하며 쓰고 있지만 마음 한편으로는 배송비 마케팅에 졌다는 생각이 가득했다.

온라인과 오프라인을
효율적으로 이용하기

최근까지 오프라인보다 온라인이 무조건 저렴하다고 생각했는데 모든 항목에 해당하는 것은 아니었다. 친구에게 핸디형 선풍기를 사주려고 대형문

구점에 가서 원하는 제품을 고르라고 했다. 친구가 선택한 선풍기의 오프라인 가격은 1만 4,900원. 곧바로 인터넷에서 검색해보니 인터넷이 3,000원 이상 더 비쌌다. 아무리 쿠폰, 포인트를 써도 오프라인에서 행사를 하고 있었기에 훨씬 저렴했다. 충전 케이블, USB포트도 배송비 때문에 가격이 올라 오프라인에서 구매했다.

20대 중반에는 옷에 관심이 많아서 의류 쇼핑몰 4~5개를 매일 순회하면서 신상품, 세일 상품 등을 검색해보고 구매하는 일이 많았다. 그런데 그렇게 산 옷은 실제로 입어보면 반품해야 하는 경우가 많았다.

'모델이 입으면 예쁜데, 왜 내가 입으면!'

분명 신체 사이즈가 다르다는 걸 알면서도 그 순간에는 '이 옷을 내가 입으면 모델처럼 분위기가 나겠지?'라는 착각에 빠져 결제하고 입어본 다음 반품하는 일이 많았다. 이것저것 꼼꼼하게 따지면서 구매했지만 막상 받고 나서 정말 별로인 옷을 고이고이 싸서 다시 택배로 반품하는 내 시간과 체력이 아깝다는 생각이 들기 시작했다.

몇 번의 번거로움 끝에 옷은 조금 비싸더라도 입어보고 살 수 있는 오프라인 매장에서만 구매하겠다는 나만의 원칙을 세웠다. 이후로 습관적으로 접속했던 쇼핑몰 사이트는 즐겨찾기에서 삭제했고 자연스럽게 회원정보 정리 대상이 되었다. 하지만 큰 불편함 없이 내게 맞는 스타일을 찾아가고 있다.

비슷한 이유로 유통기한이 정해져 있는 1+1 상품은 더 이상 충동적으로 구매하지 않는다. 대표적으로 렌즈세척액이다. 집에서 사용하는 것과 여행을 갈 때 필요한 작은 용량 등 다양한 용량을 판매하고 있었다. 300ml 보다는 355ml, 한 개보다는 2~3개 구매하면 단위당 구매 금액이 줄어든다. 유통기간이 넉넉한 제품을 사도 콘택트렌즈를 끼는 빈도가 낮아서 그런지 남은 한 통은 거의 쓰지도 못한 채 버리는 경우가 많았다. 싸다고 넉넉하게 쌓아두는 것보다 비싸더라도 적은 용량으로 필요할 때마다 구매하는 게 공간, 재정 등 여러 측면에서 더 효율적이다.

샘플로 살아가는
럭셔리한 하루

● 르네휘테르 샴푸 15ml, 올리브영에서 받은 일본 제품 트리트먼트, 프리메라 바디워시로 아침 샤워를 하고 랄라블라에서 받은 닥터자르트 앰플과 록시땅 수분크림, 랑콤 선크림으로 기초화장을 마친다. 입생로랑 파운데이션과 베네피트 아이브로우펜슬, 디올 립스틱을 사용해 화장을 했다. 머리를 말리며 아베다 헤어에센스를 발랐고 안나수이 향수를 뿌리면서 외출 준비 완료.

집에 돌아와서는 로드숍에서 받은 클렌징 티슈로 화장을 지우고 매달 한 번씩 샘플을 신청할 수 있는 CNP 클렌저로

2차 세안을 한 후 겔랑 오일 앰플로 피부결을 정돈하고 랑콤 앰플과 아이크림으로 마무리한다. 가끔 마스크팩도 하는데 이 역시 샘플로 받은 것이다.

최근 화장을 할 때나 세안 후 기초화장품을 바를 때 틈틈이 받은 샘플만 가지고도 충분히 관리 가능하다는 걸 알고 깜짝 놀랐다. 그동안 사놓은 화장품이 무색할 정도다. 처음에는 여행갈 때 가볍게 들고 다닐 것을 대비해 하나둘 챙겨두었다. 다양한 브랜드 샘플 덕분에 기존에 쓰고 있던 화장품이 뚝 떨어졌어도 크게 걱정하지 않는다. 얼굴에 바르는 제품 횟수가 줄어든 것도 아닌데 화장품 구매 빈도가 많이 줄었다.

부지런한 자가
샘플을 얻는다

2017년 상반기 기준으로 화장품에 지출한 금액은 약 25만 원, 2018년은 약 8만 8,000원 정도다. 이미 샘플 보관함에 수많은 샘플이 있어 딱히 화장품을 추가로 구매하지 않아도 된다.

사실 샘플 화장품을 처음 접한 시기는 20대 초반으로 지금처럼 화장품 샘플 신청이 활발하지 않을 때다. 백화점에서 해당 화장품 브랜드 전단지나 문자를 받아 샘플을 교환했다. 이제는 카카오 플러스친구에서 해당 브랜드를 친구 추가하면 신제품이 나오거나 이벤트 기간에 샘플링 쿠폰 메시지를 받을 수 있다.

 보통 선착순 쿠폰 다운 및 교환으로 백화점, 마트 안에 입점해 있는 헬스&뷰티스토어에서 수령할 수 있다. 간혹 특정 매장에서만 받을 수 있는 경우도 있다. 또한 회원가입을 해야 하는 경우도 있으니 개인정보에 민감한 사람이라면 조건 없이 받을 수 있는 샘플만 신청해도 꽤나 많다.

 학창시절에는 이것저것 화장품을 써도 트러블이 나지 않았던 피부라 쉽게 샘플을 신청해서 사용했다. 겁 없이 천연 화장품이라는 말에 이름 모를 브랜드까지 마구잡이로 쓰는 바람에 화장독이 올라 샘플 신청을 잠시 중단한 적도 있다. 화장품 값 아끼려다 피부과 진료비가 더 나왔다. 무료가 무조건 좋은 것은 아니었다. 이때 피부 타입이 바뀌어 지금은 내가 신뢰하는 브랜드에만 샘플을 신청한다.

 '이렇게 부지런하게 샘플을 신청하는 사람이 몇이나 될

까?'싶지만 유명 인기 브랜드는 순식간에 쿠폰이 소진된다. 남성 샘플도 종종 나오니 좋아하는 브랜드를 유심히 살펴보자.

샘플만 모아도
한 통

미리 사놓고 쓰던 본품을 다 써도 샘플로 몇 주를 사용할 수 있어 화장품 소비 주기가 느려졌다. 최근 샘플을 종류별로 정리했는데, 파운데이션 1ml 샘플 용량을 합쳐보니 30ml가 훌쩍 넘었다. 평소 6개월 정도 쓰는 정품 용량과 동일했다.

평소 가격대가 부담스러워 구매를 망설였던 화장품 브랜드가 있다면 샘플을 적극적으로 이용해보자. 샘플 신청을 알기 전에는 가격대가 비싼 이 제품이 내 피부에 맞을지 확인하기 힘들었다. 백화점에서는 자유롭게 테스트하기가 부담스럽다. 특히 나는 손등과 얼굴의 피부톤이 달라 손등에 테스트한 결과를 믿고 구매하기는 애매했다. 요즘은 블로거나 유튜버의 후기도 많아졌지만 제품에 따라 호불호가 확실해 사놓고 방치한 화장품이 꽤나 많은 나에게는 맞지 않았다. 특히 파운데이션은 피부 색, 촉촉함, 밀착력, 유분기, 커버력 등이 중요하고 기초화장품은 피부가 예민한 편이라 늘 고민이었다.

눈으로는 좋아보이던 화장품도 실제 사용하면 생각보다 별로인 것들이 많다. 샘플을 이용하면 실패 확률을 낮출 수 있다. 미국 세포라 매장에서는 샘플보다 조금 넉넉한 사이즈로 판매하는 제품도 있는데 부담 없이 접하기에는 참 괜찮은 방법이라고 생각한다. 요즘 우리나라에서도 비슷하게 제품을 팔고 있던데 앞으로 종류가 많이 늘어나 소비자가 다양한 선택을 할 수 있게 되길 바란다.

요니나 TIP

- 지점마다 샘플 수량이 달라 교환 기간이 다가올수록 품절될 가능성이 높다. 부지런히 움직여 받는 것이 중요하다. 보통 번화가 매장이 수량도 넉넉하다.
- 피부가 예민하다면 본인에게 맞는 화장품 샘플만 수령하자. 무료라고 이것저것 사용하다 치료비와 스트레스만 늘 수 있다. 예를 들면 클렌징 오일에 적합하지 않는 피부라면 아무리 유명한 오일 샘플이라도 신청하지 않는 것이 낫다.
- 과도하게 개인정보를 요구하는 샘플은 의심해보자. 유명 브랜드 샘플링을 신청한 적이 있는데 두피 상담 후 1회 샴푸 샘플을 가장한 물건 판매라 부담스럽고 시간이 아까웠다.

도전,
냉장고 파먹기

일정 기간 동안 가계 소비지출 총액에서 식료품비 (외식비 불포함)가 차지하는 비율을 엥겔지수라고 한다. 가계 생활수준을 가늠하는 척도라 보통 엥겔지수가 높으면 생활수준이 낮다고 이야기한다. 하지만 요즘은 식재료 가격이 천차만별이라 꼭 많이 먹는다고 식비가 증가하는 것은 아니다. 비싼 식재료를 선호하거나, 식재료를 대량으로 구매한 후 다 먹지 못하고 다시 구매하는 경우에도 식비가 증가한다.

나는 부모님과 함께 살기 때문에 부엌 냉장고는 어머니

가 관리한다. 가끔씩 먹고 싶어 사온 음식이나 여행지에서 구매한 식품을 보관하는 용도로만 냉장고를 사용한다. 그러다 보니 냉장, 냉동으로 나눠진 그 커다란 통 어디에 어떤 것이 있는지 잘 모른다. 항상 꺼내 쓰는 재료만 어디에 있는지 알고 있다.

냉장고는 이사 오기 전부터 줄곧 함께 해온 물건 중 하나지만 나와의 추억은 그리 많지 않다. 나름 내외하고 있던 냉장고와 온전히 함께 있어야 할 시기가 있었다. 부모님이 해외여행을 떠난 20일. 요리라고는 라면, 볶음밥밖에 할 줄 모르는 나를 걱정해 부모님은 햄, 라면, 햇반을 잔뜩 사다놓고 떠나셨다.

하지만 나는 당시 고민하고 있던 엥겔지수 낮추기에 도전해보고 싶어 이것들은 비상식량으로 넣어두었다. 그리고 한 달 식비 20만원 사수하기 프로젝트로 '냉장고 파먹기'를 시작했다. 냉장고 파먹기는 식재료를 추가로 구매하지 않고 기존에 사놓은 후 냉장고 안에 방치해둔 음식 재료로 음식을 만들어 먹는 것을 말한다. 지갑을 사수하면서 냉장고 안에 들어 있던 재료 정리도 하는 미니멀 라이프 효과를 얻을 수 있다.

현명한
마트 사용법

첫날은 동네 슈퍼에 장보러 가기! 식재료를 사기 위해 동네 슈퍼와 대형 마트를 오가니 생각보다 물가가 많이 비싸고 1인 가구를 위한 제품은 적었다. 슈퍼에 가기 전 구매 목록을 작성했지만 막상 가면 충동구매한 음식도 있고, 집에 무엇이 있는지 몰라 비슷한 재료를 또 사오고는 했다. 다음 날 환불하면서 앞으로는 사치 부리지 말고 필요 소비에 집중하자고 다짐했다.

그동안 냉장고와 친하지 않았기에 먼저 냉장실과 냉동실 안에 무엇이 있는지 알아야 했다. 그래서 냉장고 재료 리스트를 만들었다. 이 재료를 바탕으로 내가 무엇을 만들 수 있는지 생각하면서 20일 식단 계획을 세웠다.

내 규칙은 최대한 냉장고 재료를 활용하되 필요한 재료는 먹을 만큼만 구매하는 것이다. 만약 대량 구매만 가능한 식료품은 대체재를 찾고, 그게 힘들면 다른 요일에 그 재료를 넣어 만들 수 있는 음식을 생각해보는 것이다. 열심히 냉장고 파먹기를 하면서 기존 재료를 줄여놨는데 새로 식재료를 들여놓는 것은 취지에 맞지 않기 때문이다.

	1일차	2일차	3일차	냉장고 재료
아침	롤케익 1조각, 오렌지 주스, 사과 1/2	시리얼, 저지방우유, 사과 1/2	시리얼, 저지방우유, 사과 1/2	사과 2개 어묵 약간 매운 고추 떡국 떡 계란 우유 게장 삼겹살 1인분 장조림 양파 조금 가쓰오 우동 젓갈 냉동 돈까스 김 각종 양념장
남은 재료	사과 2개	사과 1.5개	사과 1개	
점심	가쓰오 우동	떡볶이(어묵, 쑥갓, 떡, 양배추, 계란, 고추장)	남은 밥에 후리야케, 계란 프라이, 장조림	...
남은 재료	가쓰오 우동 1세트			
저녁	밥, 삼겹살, 게장	떡볶이 국물에 볶음밥(남은 밥 이용)	어묵국(남은 어묵, 쑥갓, 무, 양파)	
남은 재료	밥 1.5인분, 게장	밥 0.5인분, 게장		
금액	200,000원	190,000원 (쑥갓, 양배추 소량 구매)	171,230원 (무 1인분, 오겹살 1인분)	

　　마트에서 식재료를 살 때도 좀 더 저렴하게 살 수 있는 방법을 찾았다. 영업시간이 끝날 때 마트에 가면 신선제품, 조리식품 등을 할인 판매한다. 구매 후 바로 먹을 우유나 케이크 등은 유통기한이 임박한 제품을 구매하는 것도 괜찮다. 종종 증정품을 얹혀주거나 할인 가격으로 판매하니 확인하자.

먹을 만큼만
만들기

식비를 줄일 때 가장 중요한 점은 요리할 때 음식을 최대한 남기지 않는 일이다. 한번에 한 끼 또는 두 끼 정도만 만드는 걸 원칙으로 세웠다. 요즘은 조금만 검색하면 밥 짓는 법, 달걀 삶는 법, 자취생 치즈밥 등 1인 레시피를 찾을 수 있어 초보자도 어렵지 않게 만들 수 있다. 가끔 있는 식사 약속도 체크하면서 냉장고 재료를 조절했다. 예를 들면 고기 약속이 있으면 앞, 뒷날에 고기반찬을 생략하면서 내가 만든 음식에 질리는 일을 방지했다.

20일 동안 냉장고 파먹기를 하니 식비로 5만 원 정도를 소비했다. 남은 금액 15만 원은 고스란히 내 통장으로 들어왔다. 가끔은 너무 귀찮고 피곤해 배달 음식을 주문하고 싶은 생각도 들었다. 이런 유혹이 생길 때는 친구와 만나 식사할 때 맛있는 음식을 마음껏 먹겠다고 다짐하며 위기를 극복했다. 확실히 집밥을 먹으니까 허기짐이 준다. 후식 생각이 외식 때보다 간절하지 않다. 소소하지만 체중도 줄었다.

스타일과 돈을
동시에 얻는 방법

계절이 변할 때마다 '왜 입을 옷이 없지? 작년에는 뭘 입고 다녔던 거야!'라는 생각이 끊임없이 든다. 분명히 옷장에는 옷이 많은데 막상 입으려면 어딘가 이상했다. 다른 사람들은 전혀 신경 쓰지 않지만 나는 불편해서 외출한 후 바로 집으로 돌아가고 싶은 날이 종종 있었다. 이런 날에는 주변을 계속 신경 쓰다 보니 체력이 금방 소진되고 몸 상태도 좋지 않았다.

언젠가부터 나에게 옷은 스트레스였다. 매년 새로운 옷을 구매하면 그 당시에는 잘 입고 다녀도 다음 해까지 입는 옷을 찾기 힘들었다. 그때마다 새로운 옷을 사고, '언젠가는 입겠지'라는 마음에 옷장 안에 쌓아둔 옷들이 넘쳐흐르기 시작했다. 옷걸이에 걸어둔 옷 때문에 옷걸이가 튕겨 나오기까지 했다.

그러던 어느날 우연히 퍼스널 브랜딩 상담을 받을 기회가 있었다. 나는 니트 종류를 입으면 더 뚱뚱해 보인다며, 니트보다는 얇은 옷을 겹쳐 입는 것이 낫다고 했다. 그때부터 니트를 잘 입고 다니지 않았다. 혹시나 하는 마음에 다 버리지는 못하고 진짜 추울 때를 대비해서 잘 입고 다녔던 니트는 보관했다.

그해, 혹한기 겨울을 보냈지만 단 한 번도 니트를 꺼내 입지 않았다. 계속 가지고 있어도 자리만 차지할 것 같았다. 결국 안 입는 옷은 정리하기로 했다. 정리하기 전에 한번 입어보고, 나중에도 입을 것 같지 않은 옷은 미련 없이 버렸다. 깨끗한 옷은 '아름다운가게' 같은 기부단체에 보내 기부금 영수증을 발급받고, 사용감이 많거나 손상된 의류는 헌옷 판매로 싼값에 정리했다. 하루 날을 잡고 정리를 하니 금세 옷장이 심플해졌다.

코디북을
만들어라

그 후 내 옷장에 남아 있는 옷을 계절별로 1차 분류를 하고, 색깔별, 디자인별로 나눴다. 자주 구매했던 쇼핑몰 사이트에 가서 비슷한 옷을 어떻게 코디했는지 찾아봤다. 컴퓨터에 '코디북'이라는 폴더를 만들어 '검정 블라우스 폴더', '빨강구두 폴더', '버버리코트 폴더' 등으로 구분해 다양한 의류 코디를 수집했다.

이렇게 코디북을 만들어두면 같은 옷을 다양하게 활용할 수 있어 옷이 많아 보이는 효과가 있다. 무작정 옷 가짓수를 늘린다고 입을 옷이 많은 게 아님을 알게 되었다. 설레는 옷들만 남으니 어떤 옷을 입어야 할지 고민할 필요가 없다. 이제 계절이 바뀔 때마다 쇼핑몰에서 옷을 고르지 않고 옷장에서 옷을 고른다.

이렇게 정리를 해도 매년 한 번도 안 입은 옷이 생긴다. 1년 동안 생각나지 않은 옷은 미련두지 않고 바로 정리! 옷장에서 뺀 옷들을 보면 그동안 이 옷을 구매하기 위해 소비한 시간과 돈이 생각난다. 어떤 날은 월말이 되기 전에 옷을 사느라 돈을 탕진해서 쫄쫄 굶은 날도 있었고, 정말 필요한 소비를 미룬 적도 있었다.

옷장 정리를 하면서 함부로 옷을 구매하면 안 되겠다는 다짐도 했다. 다른 물건들처럼 옷도 새 옷을 사면 비슷한 옷은 버리기로 했다. 이 방법을 쓰니까 유행에 민감한 디자인은 구매목록에서 사라졌다. 의류 소비 비용이 확실히 줄었다.

개인 판매자가
되어보자

내가 책을 본격적으로 읽은 건 스물다섯 살 이후다. 어릴 때부터 책보다는 TV나 영화를 더 좋아했다. 같은 내용이라면 지루한 책보다 재미있는 영화로 보았다. 굳이 글자로 읽어야 하는지 이해할 수 없었다. 하지만 행동과 달리 마음 한편에서는 이렇게 무의미하게 남은 20대를 보내고 싶지 않다는 내적 갈등이 있었다.

당시 학교 친구보다 대외활동이나 새로운 모임에서 만난 사람들과 보내는 시간이 많았는데, 이들은 항상 책을 가지고 다녔다. 약속 시간보다 일찍 도착하거나 이동할 때에 틈틈이 독서로 내적 성장을 키우고 있던 것이었다.

그들과 달리 컴퓨터, 휴대전화 게임, 인터넷 서핑 등 여가 시간에는 밀린 드라마를 보는 내가 한심하게 느껴졌다. 비슷한 나이지만 자기계발을 열심히 하는 모습에 나 역시 그들처럼 되고 싶다고 생각했다. 어떤 것부터 해야 할까 고민하던 찰나, 평소 습관적으로 휴대전화를 이용해 시간을 보내는 행동부터 바꿔보기로 했다.

휴대전화를 보는 대신 책을 읽기로 했다. 그나마 독서가 제일 쉬워보였기 때문이다. 마침 살고 있는 지역에서 방학 동안 대학생 공공기관 아르바이트를 모집해 지원했더니 근처 도서관에서 책을 정리하는 임무를 배정받았다. 평일 4시간, 한 달 반 동안 다양하고 많은 책을 접할 수 있었다.

관심 있었던 재테크 분야를 시작으로 시간, 자기관리, 소설 등으로 관심영역을 확장하면서 책을 읽기 시작했다. 처음에는 빈 가방으로 출퇴근했지만 어느새 1인당 대여 가능한 최대 권수로 책을 빌리기 시작했다. 주말에도 가요나 연예 프로그램을 보는 대신 책을 읽기 시작했다. 책을 읽는 시간이 많아지면서 인형이 가득했던 책장에는 책이 한두 권씩 놓여졌다.

책 읽기가 아닌
책 모으기

책은 많을수록 좋다고 하지만 나의 수집 욕구 범위에 책이 새롭게 들어오면서 읽는 것보다 '사놓으면 언젠가는 읽겠지'라는 마음으로 구입에 집중하는 기이한 현상까지 생겼다. 종종 온라인 서점에서 책을 사면 주는 취향저격 사은품은 책 쟁여놓기를 도왔다.

문득 정신 차려보니 책장은 책으로 걷잡을 수 없이 포화 상태가 되었다. "안 보는 책은 정리해!"라는 부모님의 잔소리에도 '나만의 서재'를 만들 준비 중이라며 자기 합리화를 했다. 하지만 책은 점점 늘어갔고, 서재를 만들기 전 책에 깔려 죽을 수도 있겠다는 말에는 나 역시 동의할 수밖에 없었다.

고민 끝에 몇 번이고 다시 읽을 책(나는 '씨앗도서'라 부른다)을 제외하고서는 모두 정리했다. 블로그를 하면서 협찬받은 책은 지인들에게 나눠주고, 중고서점에 판매할 수 있는 책은 바로 판매했다.

처음에는 책이 있었던 자리가 허전해 마냥 아쉬웠다. 하지만 몇 번을 정리하고 정말 읽고 싶은 책만 서재에 있으니 자연스럽게 행복지수가 올라갔다. 책 자체에 먼지가 많다는 걸 이때 처음 알았다. 책장만 봐도 '언제 읽지…' 하는 고민 섞인 한숨도 줄었다.

책을 살 때도 더 신중하게 됐다. 예전에는 온라인 서점에서 이벤트가 많다 보니 책 구매 빈도가 높았다. 온라인 서점의 책은 직접 볼 수 없어 오로지 책표지와 이벤트 위주로 골랐다. 그렇게 산 책은 몇 장 읽고 생각했던 내용이 아니라 덮은 적도 많았다.

이제는 마케팅에 흔들리지 않고 서점, 도서관에서 먼저 읽어본다. 그다음 내게 울림을 주는 책을 구매해 씨앗도서로 간직하면서 필요할 때마다 꺼내 보고 주변 사람들에게 추천도 한다.

중고서점
거래 방법

중고서점에 책을 판매할 때는 총 세 가지 방법이 있다. 먼저, 중고서점에 직접 가져가 파는 방법이다. 요즘 책 정리할 때 자주 하는 방법이다. 약속 및 이동 장소 근처에 중고서점이 있다면 미리 인터넷으로 현재 매입가를 확인한다. 같은 책이 중고서점에 많이 있으면 내 책을 매입하지 않은 가능성이 높기 때문이다. 중고서점에 가기 직전에 찾아보면 무거운 책을 다시 가지고 오는 헛수고도 줄일 수 있다.

매입된 금액은 현금으로 받을 수도 있고 서점 예치금으로 선택해 계좌로 보낼 수도 있다. 나는 중고책 판매로 생긴 돈은 항상 예치금으로 선택해 공돈 통장으로 자동 이체한다. 알라딘 서점 기준으로 당일 오후 2시 전까지 이체 신청을 하면 그날 환급을 받을 수 있다.

두 번째는 회원 간 거래하는 방법이다. 중고서점에 수량이 너무 많아 매입이 안 되거나 생각했던 금액보다 낮으면 중고서점 판매자 사이트에서 내 마음대로 가격을 설정해 판매한다. 보통 출간 한 달이 지난 책부터 거래가 되며, 편의점 택배와 일반 택배 두 가지 방법으로 배송 가능하다. 둘 다 포장은 직접 해야 한다. 집을 오래 비워 택배 기사를 만나기 어렵다면 편의점 택배를 이용하는 게 낫다.

시장가를 확인해 가격을 조절해 판매하는 게 좋다. 거래 후에는 수수료 10%를 떼고 정산된다. 배송비는 구매자가 내도록 설정할 수 있다. 열심히 중고 사이트에 상품을 등록해도 바로 판매되는 경우는 드물다. 그래도 포기하지 말자. 잊힐 때쯤 판매 요청이 들어오기도 한다.

세 번째는 택배를 이용해 중고서점과 거래하는 방법이다. 주거지 또는 생활 반경에 중고서점이 없거나 회원 간 거래가 힘들 때 이용할 수 있다.

나도 다른 방법이랑 어떤 차이점이 있는지 궁금해서 한 번 이용해봤는데, 진행 과정을 직접 확인하기가 어려워 만족도가 떨어졌다. 서점에서 내 책을 받은 후 중고책 상태에 따라 상·중·하로 나누는데, 내가 봤을 때는 정상인데 체크하는 사람에 따라 별로인 책이 있을 수도 있다. 그런 결과가 일괄 통보로 전달되어 납득이 안 되는 경우도 있었다.

판매 불가 책을 되돌려 받으려면 다시 택배비를 지불해야 한다. 그렇지 않으면 서점에서 임의로 처분하라고 신청서에 미리 작성해야 한다. 당연히 판매 불가 책이 없을 줄 알고 임의 처분을 신청했는데, 신간 세 권 정도가 판매 불가 통보를 받았다. 책을 다시 받지도 못해 아쉬웠다. 나와는 맞지 않는 방법이었지만 직접 책을 들고 가는 게 불편하거나 근처에 서점이 없다면 이용할 수 있다.

각자 자기에게 맞는 거래 방법을 선택해 이용해보도록
하자.

 요니나 TIP

▶ 요니나의 씨앗도서

· 습   관 – 《해빗스태킹》, 스티브 스콧, 다산4.0
                《타임파워》, 브라이언 트레이시, 황금부엉이
· 재 테 크 – 《대학생 재테크》, 김나연, 조선앤북
                《박종훈의 대담한 경제》, 박종훈, 21세기북스
· 동기부여 – 《하버드 새벽 4시 반》, 웨이슈잉, 라이스메이커
· 사   회 – 《원하는 곳에서 일하고 살아갈 자유, 디지털 노
                마드》, 도유진, 남해의봄날
· 예   술 – 《그림은 위로다》, 이소영, 홍익출판사
· 인 문 학 – 《아트인문학》, 김태진, 카시오페아
· 역   사 – 《역사저널 그날》, KBS 역사저널 그날 제작팀, 민음사

통신사의 노예가
되지 않기 위하여

한 번 휴대전화를 사면 2년 정도 사용한다. 휴대
전화가 지겨워져서가 아니라 2년 약정이 끝날 무렵에 갑자
기 뜨거워지거나 혼자 꺼지고 충전이 안 되는 등 기기 자체
에 문제가 생겨 어쩔 수 없이 바꾸는 경우가 많았다. 그래도
지금까지 총 여섯 번 휴대전화를 바꾸면서 한 번 빼고는 위
약금을 내지 않는 기간까지 잘 썼다. 그 한 번은 뽑기를 잘
못했는지 1년 반도 안 되어 휴대전화가 운명을 달리했다.

당시 통신 번호이동으로 할인 혜택을 이용할 수 있어 통
신 3사 중 두 곳을 번갈아가면서 가입하고는 했다. 조금이

나마 요금을 절약하기 위해서 데이터, 통화 사용 다이어트를 했지만, 기기값이 큰 비중을 차지했기에 노력에 비해 줄어드는 요금은 미미했다.

2016년에 썼던 요금은 휴대전화 기기값을 포함해서 5만 원 초반이었다. 한 달간 데이터 1.5GB, 같은 통신사끼리 통화료 무료, 다른 통신사는 200분 통화료 무료였다. 통화료를 체크카드에서 자동이체하면 요금 할인 혜택이 3,000원이었다. 친구들과 비교하면 저렴한 요금제를 사용하는 편이었지만 휴대전화 상태가 갈수록 안 좋아지자 위약금을 내더라도 바꾸고 싶은 마음이 간절했다.

새로 휴대전화를 바꾸면 지금 내고 있는 요금이랑 얼마나 차이가 나는지 상담이라도 받아보자는 생각이 들었다. 그때 부모님과 동생은 모두 내가 한 번도 써본 적 없는 A통신사를 이용하고 있었다. 심지어 우리 집에서 쓰고 있는 TV와 인터넷까지 같은 통신사를 이용했다. 그래서 A통신사 대리점으로 갔다.

평소 휴대전화로 노트 필기를 자주 해서 액정이 크고 펜 사용이 가능하면 좋겠다고 말했다. 때마침 내가 원하는 기능이 있으면서 더 저렴한 보급형 기기가 나왔다. 휴대전화

기기값도 16만 원이라 일시불로 결제해도 크게 부담스럽지 않았다. 단말기를 할부로 구매할 필요가 없었다.

여기에 기본 제공 데이터 11GB에 통화 및 문자 무제한 요금제를 온가족 할인, 인터넷과 TV 결합 할인 혜택까지 받으니까 월정액이 5만 9,900원에서 3만 8,500원으로 감소했다. 내가 이제까지 그 통신사를 쓰지 않았던 이유는 무료 와이파이 서비스가 안 좋았기 때문인데, 굳이 무료 와이파이를 쓸 필요가 없을 정도로 데이터가 넉넉했다.

결국 그 휴대전화를 사기로 했다. '진작 바꿨더라면 더 빨리 휴대전화 요금을 아낄 수 있었을 텐데'라는 아쉬움이 생길 정도로 만족했다.

약정은
최소한으로

그렇게 산 휴대전화를 사용한 지 2년이 넘어 어느덧 선택약정에 가입할 수 있는 자격이 생겼다. 선택약정은 단말기를 구입할 때 받는 공시지원금 대신 매달 통신요금을 할인받는 제도다. 휴대전화 단말기를 살 때 단말기에 대한 지원금을 받지 않고 요금 할인을 받겠다고 하면 누구나 통신요금의 25% 할인을 받을 수 있다. 기존 가입자도 약정 기간이 끝나면 다시 약정을 맺을 때 25% 할인을 받을 수 있다. 매월 6만 5,000원 요금을 내는 사람이 선택약정에 가입하면 4만 8,750원 요금만 내면 된다.

약정기간은 1년, 2년 두 가지 종류가 있었고 어떤 걸 선택해도 받는 혜택은 동일하다. 가족이 사용하는 통신사, 인터넷, TV를 다른 통신회사로 바꾸지 않는 이상 나 역시 쭉 같은 통신사를 사용할 계획이었다.

그래도 혹시 모르기에 1년씩 약정 기간을 연장하기로 했다. 선택약정 혜택으로 1만 원 정도 더 요금 할인을 받아 한 달 최종 요금은 2만 2,060원. 그리고 전월 실적 30만 원(통신비, 교통비 실적 포함)을 충족하면 월 1만 7,000원씩 24개월 할인해주는 신용카드로 결제한다.

결과적으로 실제로 내는 통신비 금액은 월 5,060원이다. 심지어 통신사 멤버십 등급도 VIP라 매월 영화 한 편을 무료로 볼 수도 있다.

여태 5,000원대의 휴대전화 요금은 알뜰폰에서만 가능한 줄 알았다. 이렇게 할인받은 금액은 소비 통장이 아닌 '휴대전화 구매'라는 이름의 자유적금으로 따로 모았다. 그리고 모은 돈으로 새로운 휴대전화를 구매할 때 보탰다. 미리 모아놓지 않으면 휴대전화 살 때 목돈을 지출하게 되어 부담스럽다. 결국 카드 할부로 단말기를 구매하거나 2년 약정 할부 구매로 기기값을 휴대전화 요금에 포함시킬 수밖에 없다. 굳이 내지 않아도 될 이자를 내는 것이다.

휴대전화도
자급자족

그동안 휴대전화를 구매했던 경로는 통신사 대리점이었다. 3사 통신사 모두 취급하는 곳, 한 통신사만 판매하는 곳 등 골고루 이용했다. 요즘은 해외 직구로 동일한 휴대전화를 저렴하게 구매해 통신사 제약 없이 이용할 수도 있다던데, 내게는 막연하고 어려웠다. 지금 이용하는 통신사는 할인받는 금액이 커서 바꿀 생각도 없다. 하지만 보통은 기기변경보다는 번호이동을 했을 때 혜택이 더 많아서 고민했다.

이전 휴대전화를 2년 반 넘게 만족하면서 쓰다 마음속에

품고 있었던 신형 휴대전화 사전 예약이 시작되었다. 그때 '휴대전화 단말기 자급제'를 알게 되었다. 일명 자급제 휴대전화는 어떤 통신사도 통하지 않고 독립된 기기를 구매하는 것으로 보통 공기계로 알려져 있다. 알뜰폰을 이용한다면 익숙한 제품이다.

나는 이미 통신사 의무 약정 2년이 끝나 1년 선택약정을 받고 있었던 상태라 특정 요금제나 부가서비스를 몇 달 써야 할인 혜택을 받을 수 있는 통신사 약정이 매력적으로 다가오지 않았다. 반면 자급제 휴대전화 개통은 기존 통신사를 쓸 경우 유심만 옮겨주면 되므로 지금 받고 있는 결합 혜택은 물론 선택약정 할인까지 그대로 유지할 수 있다.

자급제 휴대전화의 장점은 휴대전화가 가장 깔끔한 상태라는 점이다. 보통 휴대전화 안이나 밖 어디서나 볼 수 있는 통신사 로고가 없다. 또한 모든 설정이 기본으로 되어 있다. 지우지도 못 하는 통신사 자체 어플도 없다.

오픈마켓, 공식홈페이지, 대형마트 등에서 이벤트, 카드사 할인 쿠폰, 포인트 등을 활용하면 출고가보다 훨씬 저렴하게 기기를 구매할 수 있다. 통신사 대리점에서 구매하면 받을 수 있는 소소한 사은품은 포기해야겠지만 가격 할인 혜택이 훨씬 더 크다. 통신사 대리점을 통해 기기를 구매할 때보다 30만 원 정도 저렴하게 휴대전화를 구매했다.

결제는 일시불과 할부 모두 가능하다. 전자기기를 처음 온라인으로 주문해봤는데, 분실 및 파손 없이 잘 배송되었다. 별다른 이유가 없다면 지금 쓰고 있는 통신사를 쭉 유지할 생각이라 앞으로 휴대전화를 바꿀 때는 더 저렴하게 구입할 수 있는 자급제 휴대전화만 이용할 계획이다.

 요나나 TIP

- 아직 휴대전화 단말기 할부가 있다면 최대한 빨리 완납하자. 할부 금리는 연 6%로, 단말기가 100만 원일 경우 이자만 6만 원인 셈이다. 통신사에 따라 분납이 가능한 곳도 있으므로 현재 통신요금을 확인한 후 크게 부담스럽지 않는 금액이라면 정리하자.
- 선택약정을 신청한 경우 약정 기간 안에 번호이동으로 통신사를 바꾸면 위약금을 낼 수 있다.
- 무조건 알뜰폰 요금이 저렴한 것은 아니다. 본인에게 맞는 통신사를 찾아보면 알뜰폰 이상으로 혜택을 누릴 수 있다.

앱테크,
소소하다고 얕보지 마라

앱테크란 애플리케이션과 재테크의 합성어로, 모바일 앱(어플)으로 재테크한다는 뜻이다. 스마트폰, 태블릿 등 모바일 기기에서 광고 시청, 설문조사, 출석체크 등 간단한 미션 참여로 포인트를 적립해 현금처럼 활용하는 것이다. 꾸준히 하면 부수입도 창출할 수 있다.

나는 하루에 어플에서 출석체크를 하는 게 서른 개 정도 된다. 예전에는 더 많이 했지만 평소 소비하지 않는 브랜드는 출석체크를 해도 활용도가 높지 않아서 그만뒀다. 소액 포인트가 생기면 오히려 자잘한 지출이 생겨 과소비를 하는 역효과가 생기기도 했다.

수많은 앱테크 중 줄이고 줄여 내 소비에 맞는 서른 개를 선정했다. 평소 자주 가는 브랜드, 휴대전화 요금을 결제할 수 있는 포인트, 자주 소비하지 않지만 포인트가 다른 브랜드 포인트로 전환되거나 현금화가 가능한 것 또는 기프티콘을 구매해 재판매하거나 사용할 수 있는 포인트 위주다.

잠금화면을 열거나 어플만 눌러도 포인트가 쌓이는 것도 있고 출석체크 버튼까지 눌러야 하거나 댓글 쓰고 퀴즈 풀고 걸으면 포인트가 쌓인다. 해당 브랜드 영수증을 찍어 올리거나 밥 먹은 곳 사진과 후기를 남기면 포인트를 주기도 한다. 카카오톡에서도 기업 플러스 친구 추가, 어플 다운, 광고 등을 보면 초코라는 포인트를 주는데 200초코를 모으면 2,000원짜리 이모티콘을 살 수 있다(아직까지는 안드로이드 운영체제 휴대전화에서만 가능하다). 현재 서른 개가 넘는 유료 이모티콘 중 돈을 주고 산 건 단 하나도 없을 정도다.

앱테크마다 적립되는 포인트가 다른데 어떤 날은 포인트를 안 주는 날도 있다. '꽝'이 나온 것에 신경 쓰기 시작하면 '고작 그 포인트 모으려고 이 고생인가'라는 생각이 들어 최대한 감정을 배재한다. 그러다 추첨으로 평소보다 큰 포인트가 적립되면 앱테크를 하는 지인들에게 이런 게 소확행이라며 자랑하기도 한다.

출석체크로
시작하는 아침

아침에 일어나 L포인트 어플에서 출석체크를 한다. 4시간 또는 5시간마다 다시 포인트를 받을 수 있어 시간마다 들어가는 편이다. 자정이 되자마자 선착순으로 모집하는 앱테크는 자기 전에 하는 편이다. 주춤하다 10여 분이 지난 후 들어가면 이미 마감된다. 어떤 어플은 동시 접속자가 많아 로딩이 오래 걸리거나 튕기기까지 한다. 거의 플레이오프 야구 티켓을 예매하는 기분이다.

휴대전화는 자체 용량이 작아 태블릿에 어플을 깔아놓고, 아침에 외출 준비할 때 콕콕 누르며 출석체크를 완료한다. 지하철이나 버스를 기다릴 때, 엘리베이터를 이용할 때처럼 자투리 시간을 활용한다.

웬만하면 오전에 앱테크를 마무리한다. 시간을 정해놓지 않으면 한없이 늘어지기도 하고, 광고를 보다가 나도 모르는 사이 그 물건을 소비하고 싶은 생각이 들기 때문이다. 예전에는 가십뉴스를 보며 시간을 보냈다면 지금은 소소한 포인트를 쌓으며 조금씩 자산을 늘려나가고 있다.

매번 반복하는 과정이라 앱테크에도 권태기가 오고 쳐다보기도 싫을 때가 있다. 한 달 내내 출석해야 받는 보너스 포인트를 하루를 걸러서 못 받을 때는 어찌나 힘이 빠지는지…. 분명 다 했다고 생각했는데 다음 날에 어제 깜빡하고 놓친 것을 발견하면 살짝 우울해진다. 몇 번 그렇게 놓치고 나니까 이제는 긴가민가 느낌이 들 때 한 번 더 확인한다.

현금처럼 쓰는
포인트

예전에는 차곡차곡 포인트를 모아뒀는데 정신없을 때는 포인트 유효기간이 지나 사용해보지도 못 하고 소멸되는 경우가 몇 번 있었다. 그 이후로는 일정 포인트가 모여 현금이나 상품권, 기프티콘 등 물품 교환이 가능해졌을 때 바로 교환한다. 포인트로만 있을 때는 이자가 0원이지만 통장 안으로 들어가는 순간부터 1원 이상 이자를 받을 수 있기 때문이다. OK캐시백, L포인트, 하나머니, 리브메이트, 신한포인트 등은 바로 현금화시켜 공돈 자유적금 통장에 모으고 있다.

평소 밖에서 음식 자주 사 먹는다. 밥 먹기 전 사진 세 장과 후기를 올리면 300점씩(월 최대 5,000점) 쌓이고 네이버 포인트로 전환 가능한 앱테크도 있다. 시작한 지 2주 만에 한 달에 적립할 수 있는 한도를 채웠다. 외식을 다양한 곳에서 자주 한다면 포인트를 금방 모을 수 있다. 모인 포인트는 네이버에서 쇼핑을 할 때 사용할 수 있어 지출을 줄일 수 있다.

또한 앱테크를 하게 되니 상품평은 미루지 않고 바로 등록하게 된다. 간혹 사진까지 올리면 추가 포인트를 주는 건 절대 놓치면 안 될 부분이다. 귀차니즘 심한 부모님도 속는 셈치고 앱테크를 몇 개 하는데 어떤 포인트는 나보다 실적이 좋고 내게 이벤트 정보를 알려줄 때도 있다. 앱테크 활동이 업무를 방해할 정도로 비중이 높으면 문제가 생길 수도 있으니 적정선을 정해 오래 유지하자.

KI신서 8056

서른에는 남부럽지 않게 잘살고 싶다

1판 1쇄 발행 2019년 3월 4일
1판 2쇄 발행 2019년 10월 31일

지은이 김나연
펴낸이 김영곤
펴낸곳 (주)북이십일 21세기북스

출판사업본부장 정지은
실용출판팀 이지연 조유진
디자인 강수진
출판영업팀 한충희 김수현 최명열 윤승환
마케팅2팀 배상현 김윤희 이현진
제작팀 이영민 권경민

출판등록 2000년 5월 6일 제406-2003-061호
주소 (10881) 경기도 파주시 회동길 201 (문발동)
대표전화 031-955-2100 **팩스** 031-955-2151 **이메일** book21@book21.co.kr

ⓒ 김나연, 2019
ISBN 978-89-509-8013-9 (03320)

(주)북이십일 경계를 허무는 콘텐츠 리더

21세기북스 채널에서 도서 정보와 다양한 영상자료, 이벤트를 만나세요!
장강명, 요조가 진행하는 팟캐스트 말랑한 책 수다 〈책, 이게 뭐라고〉

페이스북 facebook.com/jiinpill21   포스트 post.naver.com/21c_editors
인스타그램 instagram.com/jiinpill21   홈페이지 www.book21.com
유튜브 www.youtube.com/book21pub
서울대 가지 않아도 들을 수 있는 명강의! 〈서가명강〉
네이버 오디오클립, 팟빵, 팟캐스트에서 '서가명강'을 검색해보세요!